grünzeug

blv

SWR Fernsehen

Profi-Antworten auf alle Gartenfragen

JOACHIM MAYER
FOLKO KULLMANN
VOLKER KUGEL

Einleitung

Mit Volker Kugel und »Grünzeug« durch das Gartenjahr

Liebe Gartenfreunde,
14 Jahre und über 350 *Grünzeug*-Folgen im SWR-Fernsehen sprechen für sich! Und nun ist es endlich da – das »*Grünzeug*-Buch«!

Warum haben die nur so lange gewartet?, könnte man fragen. Nun, bei guten Fernsehsendungen und sinnvollen Büchern ist es wie im Garten: Erst wenn alle Faktoren stimmen, optimal zusammenpassen und noch genügend Raum für Zufälle bleibt, entsteht etwas wirklich Gutes – und bis es so weit ist, kann das eben dauern.

Eine Gartensendung muss fundiertes Wissen vermitteln, praktikable Tipps geben, nicht drumherum reden und dabei unterhaltend und naturnah sein. Und natürlich muss sie vor allem auch unsere Sinne ansprechen. Das will *Grünzeug!* Im Jahre 2000 haben wir damit begonnen und seitdem verfolgen wir dieses Ziel.

Praktische Tipps und klare Antworten auf Gartenfragen zu geben, ist uns wichtig. Echte Fachkompetenz ist daher bei den *Grünzeug*-

Machern reichlich vertreten. **Gartenexperte Volker Kugel** ist gelernter Baumschulgärtner, er studierte Gartenbau in Weihenstephan. **Regisseur Horst Mager** erlernte zunächst den Beruf des Landschaftsgärtners und studierte dann Biologie in Berlin. **SWR Redaktionsleiterin Inge Landwehr** ist den Themen Garten und Natur sehr verbunden. Als Team versuchen wir mit der Sendung, unseren Zusehern nicht nur mit praktischem Rat zu helfen, ihre Fragen zu beantworten und ihre Probleme zu lösen, sondern wir wollen zugleich auch den Spaß und die Freude vermitteln, die das Gartenerleben bietet.

Nur Mut – so viel kann gar nicht schiefgehen

Leider erleben wir häufig, dass sich manche Menschen nicht so recht trauen, ihren Garten »in Besitz zu nehmen«, sie haben oft regelrecht Angst, etwas falsch zu machen. Und so stehen sie unsicher mit der Rebschere vor der Rose. Ein Schnitt, der nicht sitzt – und alles ist dahin. Drei Augen, vier Augen, fünf Augen, oh Schreck! – wo soll ich nur schneiden? Rosenschnitt, Obstbaumschnitt, Rasenpflege – aus all diesen Themen kann man eine Wissenschaft machen und damit den Hobbygärtner verunsichern. Das wollen wir nicht! Wir wollen, dass Menschen in ihrem Garten mit Freude und Lust ans Werk gehen. Dabei darf auch einmal etwas schiefgehen – es wächst ja wieder!

Grünzeug redet im Garten nichts schön, macht aber auch keine Panik. Von der Natur lernt man Demut, manchmal wächst alles wie gewünscht, manchmal gedeiht aber auch nichts. Nicht für jedes Problem gibt es eine Lösung – und manchmal muss der Misserfolg akzeptiert werden. Ein Garten macht Arbeit, und es werden auch Probleme auftreten. Wir packen das Problem im buchstäblichen Wortsinn bei der Wurzel und sagen, was wirklich hilft. Trends, die nicht funktionieren, haben in *Grünzeug* nichts zu suchen. Wobei wir uns durchaus im Klaren darüber sind, dass wir nicht alles wissen. Die Grundthemen des Gartens jedoch beherrschen wir, und sie werden in diesem Buch und in der Sendung umfassend behandelt.

Glaubwürdigkeit zahlt sich aus. Wir sind mit diesem Konzept absolut erfolgreich. 2006 und 2007 wurde *Grünzeug* als beste Gartensendung im deutschen Fernsehen mit dem *TASPO-Award,* dem »Oskar für die grüne Branche«, ausgezeichnet. Gäbe es den Preis noch, wären bestimmt noch einige Auszeichnung mehr dazugekommen. Im SWR-Fernsehen zählt *Grünzeug* zu den quotenstarken Formaten, seine Beliebtheit nahm über die Jahre stetig zu. Wir hören genau hin, greifen aktuelle Themen auf und sind mit »Kugel kommt!« (Volker Kugels Live-Besuchen in den Gärten unserer Zuschauer) ganz nah dran an dem, was die Gartenbesitzer bewegt und freut.

Der Garten ist eine private Oase für Muße und Lebensraum, er kann einem sehr viel geben. Ob da Unkraut wächst oder Gemüse, Rosen oder Beeren – das Allerwichtigste ist, dass er für seinen Besitzer ein guter Ort ist. Wir teilen unsere Gartenpassion gerne mit anderen Gartenbegeisterten und wünschen uns, dass alle Gartenfreunde genauso viel Freude und Leidenschaft für den Garten entwickeln wie wir. Mit diesem Buch, mit der Sendung *Grünzeug* – in der Kombination aus beidem – wollen wir weiterhin für Sie da sein. Und Sie werden sehen – das Warten hat sich gelohnt!

Horst Mager   Inge Landwehr   Volker Kugel

Herr Kugel, wer sind Sie eigentlich?

Volker Kugel ist seit 2004 der *Grünzeug*-Gartenexperte. Als Direktor der Dauergartenschau *Blühendes Barock* in Ludwigsburg, als gelernter Baumschulgärtner und Gartenbauingenieur ist er genau der Richtige dafür – und er hat Charme. Seine zupackende Art motiviert die Gartenbesitzer, immer wieder Neues auszuprobieren und mit kleinen Niederlagen, die der Gartenalltag mit sich bringt, fertig zu werden. Darin ist er unschlagbar. Man glaubt ihm, was er sagt.

Ein Gartenexperte fürs Fernsehen muss mehr sein als »fachlich kompetent«. Volker Kugel hört man gerne zu. Seinen Rat nimmt man gerne an und ist bereit, das, was er uns zeigt, genauso auch auszuprobieren. So, wie er es macht, ist es gut.

Bei den Dreharbeiten für die Rubrik »Kugel kommt« wird jedes Mal sehr deutlich: Volker Kugel ist Gärtner mit Leib und Seele – ob die Kamera an oder aus ist, das macht überhaupt keinen Unterschied. Bei Wind und Wetter geht er raus, er packt zu, kein Stein ist ihm zu schwer, kein Baum zu hoch.

Volker Kugel ist glaubwürdig und authentisch, er respektiert die Zuschauer, er nimmt jeden ernst – und das Gärtnern macht ihm einfach einen Riesenspaß. Volker Kugel ist echt. Damit verkörpert er das, wofür die SWR-Sendung *Grünzeug* steht: Für eine Gartensendung, die den Menschen Spaß und Freude im Grünen vermitteln möchte. Er ist maßgeblich am Erfolg der Sendung beteiligt. Mit ihm zusammenzuarbeiten, ist einfach eine große Freude.

Gut gerüstet, macht das Werkeln Spaß

Überall treibt frisches Grün aus dem Boden

Jetzt geht's los mit dem Pflanzen und Säen

Die ersten Blüten sind einfach umwerfend

Die Natur erwacht und der Garten blüht auf:

Düfte und Bienengebrumme erfüllen die Luft

Frühling

Mit Macht und Lust zieht es uns nach draußen

Frühjahrsblumen und -stauden

Farbenfrohe Frühlingsboten und Seelenschmeichler

Zierliche Vorfrühlingsblüher wie Schneeglöckchen und Winterlinge geben nur einen bescheidenen Vorgeschmack auf die Blütenpracht des Sommers. Dennoch sind sie eine ganz besondere Attraktion: Denn sie vertreiben die Tristesse des Winters, verkünden einen neuen Aufbruch und schmeicheln so regelrecht der Seele. Bald beleben viele weitere Frühblüher die Szenerie. Und mit jeder Blüte, die sich öffnet, wächst die Gartenlust.

Lassen Sie sich dieses Erlebnis nicht entgehen und nutzen Sie die Vielfalt der Blumen und Stauden, die Ihren Garten schon gleich nach dem Winterende aufleuchten lassen. Dabei ist das Repertoire mit beliebten Zwiebelblumen wie Krokussen und Narzissen längst nicht

erschöpft. Auch unter den Stauden finden sich etliche reizvolle Frühblüher, so etwa Duftveilchen und Schleifenblume – nicht zu vergessen die attraktiven zweijährigen Sommerblumen wie Stiefmütterchen und Vergissmeinnicht.

Clevere Standort-Spezialisten

Ihre ungewöhnlich frühe Blütezeit weist darauf hin, dass sich diese Pflanzen an spezielle Standortbedingungen angepasst haben. Viele sind ursprünglich in Laubwäldern beheimatet, so etwa Winterlinge und Leberblümchen. Im Frühling genießen sie das Licht unter den noch unbelaubten Bäumen, um zu wachsen, zu blühen und sich zu vermehren. Den Rest des Jahres überdauern sie mit ihren unterirdischen Speicherorganen – gut geschützt unter dem Blätterdach der Bäume und dem Falllaub, das beim Verrotten Humus nachliefert. Entsprechend gedeihen solche Frühblüher auch im Garten am besten, wenn sie an einen halbschattigen, frühlingshellen Platz mit humosem, frischem Boden gepflanzt werden. Andere Frühblüher wie Tulpen und Zwergiris entstammen Steppenregionen oder dem mediterranen Klima. Sie haben ihre Wachstums- und Blütezeit auf das Frühjahr verlagert, um der sommerlichen Dürre und Hitze auszuweichen. Im Garten bevorzugen sie sonnige, warme Standorte mit sehr gut durchlässigem, sommertrockenem Boden.

grünzeug Spezial:

Im Herbst vorsorgen

Der September ist die beste Pflanzzeit für die meisten frühjahrsblühenden Zwiebel- und Knollenblumen sowie Stauden. Vieles geht aber auch noch im Oktober oder gar November, und die meist im Container vorgezogenen Stauden können Sie auch schon im Sommer pflanzen. Bei Zweijährigen wie Tausendschön und Goldlack ist es am einfachsten, wenn man sie im Frühjahr als knospende oder blühende Jungpflanzen kauft und einsetzt. Dasselbe gilt für Zwiebelblumen und Topfstauden, die Pflanzgefäße auf Balkon und Terrasse schmücken sollen.

Verheißungsvolle Blütentupfer

Mit gut abgestimmter Arten- und Sortenwahl kann Ihr Garten bereits ab dem Spätwinter »durchblühen«. Den Blütenreigen eröffnen zwei wertvolle Winterblüher: die Christrose (*Helleborus niger*) und die Schneeheide (*Erica carnea*). Je nach Sorte und Witterung blühen sie bereits ab November und teils bis weit in den April hinein. Die

RECHTS: Vorfrühlingsblüher wie die leuchtend gelbe Danford-Iris lassen sich durch Schnee nicht schrecken. Nur bei stärkeren Frösten legen sie eine Pause ein. Wird es wieder wärmer, blühen sie munter weiter.

Schneeheide ist zwar ein Zwerggehölz, passt aber hervorragend in Staudenrabatten – dies nicht zuletzt auch, weil sie kalkhaltige Böden besser verträgt als andere Heidekrautgewächse. Beide gedeihen in Sonne und Halbschatten, wobei die Christrose leicht beschattete Plätze bevorzugt.

Oft schon ab Februar gesellen sich die anmutigen Vorfrühlingsblüher hinzu: Schneeglöckchen (*Galanthus*), Winterlinge (*Eranthis hyemalis*) mit blumigem Frühlingsduft, Vorfrühlings-Alpenveilchen (*Cyclamen coum*), Amur-Adonisröschen (*Adonis amurensis*) und Siebenbürger Leberblümchen (*Hepatica transsylvanica*). Sie wachsen am besten an absonnigen bis schattigen Plätzen, etwa am Gehölzrand.

Aber auch für sonnige, trockenere Bereiche gibt es wunderschöne kleine »Erstblüher«, so die Netz-, Zwerg- und Danford-Iris (*Iris reticulata, I. histrioides, I. danfordiae*), wilde Krokusse wie den Elfenkrokus (*Crocus tommasinianus*) und die aparte Frühlingslichtblume (*Bulbocodium vernum*). Nur wenig später öffnen an sonnigen bis halbschattigen Plätzen die schmucken Blausterne (*Scilla*) ihre Blüten, ebenso der Märzenbecher (*Leucojum vernum*) und die Lenzrosen (*Helleborus orientalis,* H.-Hybriden).

Das große Frühlingserwachen

Ab März öffnen sich die Pforten für ein wahres Blütenmeer. In Beeten und Rabatten, im Rasen und auf sonnigen bis halbschattigen Freiflächen prunken frühe Tulpen, Narzissen, Gartenkrokusse, Schneeglanz (*Chionodoxa*), Kissenprimeln (*Primula vulgaris*) und Zweijährige wie Stiefmütterchen und Tausendschön. Im April kommen weitere Schönheiten hinzu, z.B. Kaiserkrone (*Fritillaria imperialis*), Hyazinthe (*Hyacinthus orientalis*), Traubenhyazinthe (*Muscari*), Vergissmeinnicht (*Myosotis sylvatica*), Goldlack (*Erysimum cheiri*), Bartiris (*Iris*-Barbata-Hybriden), Gämswurz (*Doronicum orientale*) und die sonnen- wie schattenverträgliche Bergenie (*Bergenia cordifolia*). In Steingärten und sonnigen Freiflächen sorgen hübsche Polsterstauden wie Blaukissen (*Aubrieta*), Felsensteinkresse (*Aurinia saxatilis*) und Schleifenblume (*Iberis sempervirens*) für einen lebhaften Frühling, sehr schön im Verein mit Wildtulpen, Zwergiris und Küchenschelle (*Pulsatilla vulgaris*).

Im Mai schließlich öffnen so viele Blumen und Stauden ihre Blüten, dass man schon die Qual der Wahl hat. Attraktive Spätfrühlingsblüher für Sonnenplätze sind beispielsweise die Zierlaucharten (*Allium*), Akeleien (*Aquilegia*) und Türkischer Mohn (*Papaver orientale*), für den Halbschatten Tränendes Herz (*Dicentra spectabilis*) und Maiglöckchen (*Convallaria majalis*).

MITTE: Die Küchenschelle öffnet ihre schönen Blüten von März bis April. Sie braucht viel Sonne und einen gut durchlässigen, kalkhaltigen Boden.

RECHTS: Gelbe Felsensteinkressen und weiße Schleifenblumen überwallen im Frühling sonnige Trockenmauern mit ihren Blütenpolstern.

Stimmungsvolle Schattenzierden

In den leicht und stärker beschatteten Bereichen vor, zwischen und unter Gehölzen fühlen sich nicht nur Vorfrühlingsboten wie die Winterlinge besonders wohl. Strahlenanemone (*Anemone blanda*),

Bei mir will das mit den Frühlingsblumenzwiebeln einfach nicht so recht klappen!

Kugels Rat: Seit ich mir angewöhnt habe, dort, wo die Blausternchen, Puschkinien, Märzenbecher & Co. im Boden sind, keinerlei Bodenbearbeitung mit der Hacke zu machen, haben sich die Bestände deutlich vergrößert.
Diese Frühlingszwiebelblüher fühlen sich in großen Gruppen wohl und sie wollen eben in Ruhe gelassen werden. Auch wenn die Zwiebelchen oft ziemlich klein sind, sollten sie beim Pflanzen auf jeden Fall mindestens 5 cm tief in den Boden kommen. Mischen Sie also einfach mal 100 Zwiebelchen in 3 Arten durcheinander und werfen Sie die dann auf den Boden vor einer Gehölzgruppe. Dann wird genau dort eingepflanzt – das sieht im Ergebnis aus wie zufällig »von Mutter Natur« gestaltet.

Buschwindröschen (Anemone nemorosa), Duftveilchen (Viola odorata), Hasenglöckchen (Hyacinthoides), Schaumblüte (Tiarella cordifolia), Kaukasus-Vergissmeinnicht (Brunnera macrophylla) – das sind nur ein paar Beispiele für gut zwei Dutzend Kleinstauden, Zwiebel- und Knollenblumen, die im Frühjahr schattige Gartenpartien mit ihren Blüten verschönern. Halbschattig mögen es auch die meisten Primeln, so etwa die Hohe Schlüsselblume (Primula elatior) und die Rosenprimel (P. rosea). Da sie recht feuchte Böden bevorzugen, sind sie im Umfeld eines Teichs besonders gut aufgehoben. Hier setzen im Frühjahr außerdem Sumpfdotterblume (Caltha palustris) und Schachbrettblume (Fritillaria meleagris) blühende Akzente.

Versteckte Reste und Blütenteppiche

Die Mehrzahl der Frühblüher zieht bald nach der Blüte ein, das heißt, ihre oberirdischen Teile welken und sterben schließlich ab. Besonders in Beeten und Rabatten ist es deshalb ratsam, die Frühlingsblüher nach hinten zu setzen. So werden die welkenden Über-

reste rasch vom Austrieb sommergrüner Stauden verdeckt. Eine Ausnahme machen Polsterstauden wie Blaukissen und Schleifenblume: Sie eignen sich gut als Beeteinfassung und treiben besonders kompakt wieder aus, wenn man sie nach der Blüte um etwa ein Drittel zurückschneidet. Größere Frühjahrsstauden, die nach der Blüte komplett welken, können Sie handbreit über dem Boden zurückschneiden. Lassen Sie dagegen die Zwiebel- und Knollenblumen stets komplett einziehen, auch wenn sie im Rasen wachsen. Nur so können sie genug Reservestoffe einlagern, um wieder vital auszutreiben.

Wenn man sie lässt, breiten sich viele Frühblüher über Samen, Brutzwiebeln oder Ausläufer von selbst aus. So bilden sie mit der Zeit unter Gehölzen, im Rasen und in naturnahen Bereichen wunderschöne Blütenteppiche. Hübsche »Verwilderer« für halbschattige Flächen sind beispielsweise Winterlinge, Blausterne, Hasenglöckchen, Schlüsselblumen und Lerchensporn (Corydalis), für sonnige Bereiche Narzissen, Traubenhyazinthen, Wildkrokusse und Wilde Stiefmütterchen (Viola tricolor).

Der Rasen im Frühling

Wellness-Kur für üppiges Grün

In den ersten warmen Frühlingstagen erwacht der Rasen langsam aus dem Winterschlaf. Je nach Witterung können Sie bereits im März die Rasengräser unterstützen, damit sie bald eine dichte, sattgrüne Narbe bilden. Eine gründliche Frühjahrskur sorgt für einen nachhaltig attraktiven, gesunden grünen Teppich.

Das Rasen-Schönheits-Programm

Warten Sie ein paar trockene, milde Tage ab, bevor Sie loslegen: Solange der Boden noch sehr winterfeucht ist, kann jedes Betreten zu unnötigen Verdichtungen führen. Befreien Sie die Rasenfläche zunächst von verstreuten Herbstblättern, Zweigstückchen und anderen Winterresten. Am besten eignet sich dafür ein Fächerbesen, auch als Laubrechen bekannt. Mit ihm lassen sich zudem über Winter verklebte Graspartien etwas auflockern.

Für die nächsten Schritte hat sich folgende Reihenfolge bewährt: Düngen, zweimal Mähen, Vertikutieren und dann, wenn nötig, Kahlstellen nachsäen. Öfter hört man auch die Empfehlung, erst nach dem Vertikutieren zu düngen. Das ist nicht grundsätzlich falsch. Es hat sich allerdings gezeigt, dass eine zeitige Düngung gleich zum Wachstumsbeginn die vom Winter strapazierten Gräser optimal stärkt. So vertragen sie später auch den Eingriff durch das Vertikutieren besser.

Bei warmem Vorfrühlingswetter können Sie den Dünger schon im Lauf der ersten Märzhälfte ausstreuen, ansonsten bis spätestens Mitte April. Verwenden Sie nur speziellen Rasendünger, am besten mit Langzeitwirkung, und stellen Sie bei Trockenheit danach den Regner an. Die nächste Düngung folgt dann im Frühsommer; im August können Sie, wenn nötig, noch ein drittes Mal düngen.

grünzeug Spezial:

Dem Moos keine Chance

Moos im Rasen können Sie zwar vorübergehend mit »Moosvernichtern« beikommen. Auf Dauer hilft aber nur die richtige Pflege (inklusive Vertikutieren). Ursachen für das Moosaufkommen sind meist zu tiefes oder zu seltenes Mähen, mangelnde Düngung oder ungeeignete Düngemittel. Überprüfen Sie mit einem pH-Testset oder einer Bodenuntersuchung, ob Ihr Boden sauer ist. In diesem Fall hilft das Ausbringen von Kalk im zeitigen Frühjahr. Ist er aber höchstens schwach sauer (pH-Wert über 5,5), kann das Kalken sogar die Moosbildung fördern.

Start der Rasenmäher-Saison

Gut eine Woche nach der Frühjahrsdüngung wird zum ersten Mal gemäht; selbst dann, wenn die Gräser noch recht uneinheitlich wachsen. Dabei können Sie gleich die übliche Schnitthöhe von rund 4 cm für Gebrauchsrasen einstellen (für Zierrasen 3 cm, für Schattenrasen 5 cm). Ähnelt der Rasen allerdings eher einer Wiese, weil Sie im letzten Herbst nicht mehr mähen konnten, schneiden Sie besser in zwei Etappen: zunächst mit einer hohen Schnittstufe und erst ein paar Tage danach auf die kürzere Endhöhe. Lassen Sie bei den ersten paar Mähgängen das Gras nicht liegen, auch wenn Sie über einen Mulchmäher verfügen: Denn zum Wachstumsbeginn ist es sehr wichtig, dass reichlich Luft und Licht an die Sprossbasis gelangt.

RECHTS: Das Vertikutieren, hier mit einem Handvertikutierer, kann wahre Wunder wirken: Nach dem Entfernen des alten Filzes atmen die Gräser regelrecht auf und können rasch eine dichte grüne Fläche bilden.

Bis weit in den Frühsommer hinein bleibt der Rasen meist so wüchsig, dass Sie mindestens einmal pro Woche mähen sollten. Schneiden Sie aber nicht »vorbeugend« zu kurz; das fördert nicht zuletzt Moose und Unkräuter. Bewährt hat sich die Faustregel: stets nur um ein Drittel einkürzen – also jeweils bei etwa 6 cm Wuchshöhe auf die angestrebten 4 cm zurückschneiden.

Vertikutieren: Luft zum Durchatmen

Mit der Zeit bildet sich in der Rasenfläche ein Filz aus Mähgutresten und abgestorbenen Pflanzenteilen, der die Durchlüftung stark beeinträchtigt, ebenso die Wasser- und Nährstoffzufuhr. Dagegen hilft das Vertikutieren mit einem Elektro- oder Benzin-Vertikutierer, (den man sich in manchen Gartencentern oder Baumärkten ausleihen kann); auf kleineren Flächen tut es ein Handvertikutierer. Solche Geräte zerschneiden den Rasenfilz mit scharfen Messern und reißen ihn aus. Danach sieht das Grün allerdings ziemlich zerrupft aus. Deshalb der Rat, erst nach dem zweiten Mähen zu vertikutieren: Dann ist es schon so warm, dass sich die Grasnarbe schnell wieder erholt und schließt. Nach einem regenreichen Sommer und bei starkem Filz- und Moosbesatz empfiehlt sich ein zweites Vertikutieren im Spätsommer.

Frühlingskräuter

Pikante Delikatessen für die Frühjahrskur

Vitamin- und mineralstoffreich, immunstärkend, stoffwechselfördernd, blutreinigend: Das sind nur einige der vielen guten Eigenschaften, die Frühlingskräuter zu bieten haben. Dazu kommt oft ein ganz eigener, sehr bekömmlicher Geschmack – also genau das Richtige, um nach einem trüben, kräftezehrenden Winter zu entschlacken und zu stärken.

Würzige, scharfe Muntermacher

Unschlagbar ist die Gartenkresse: Sie liefert schon nach ein bis zwei Wochen zarte Sprosse mit erfrischenden, angenehm scharfen Blättchen. Kresse gedeiht selbst über Winter auf der hellen Fensterbank und sogar in Untersetzern mit Sand oder Blähtonkügelchen. Draußen können Sie Kresse von März bis Oktober aussäen, am einfachsten in Schalen oder Balkonkästen. Decken Sie die Samen des Lichtkeimers höchstens hauchdünn mit Erde ab. Die gesunden Blattsprossen schmecken lecker im Salat und Kräuterquark oder als »uriger« Belag auf dem Butterbrot.

Die ebenso würzige und vitaminreiche, mehrjährige Brunnenkresse braucht stets feuchten Boden und sollte über Sommer wenigstens 2 cm tief im Wasser stehen. Sie lässt sich gut in Gefäßen kultivieren, gedeiht aber auch im Sumpf- und Flachwasserbereich eines Teichs. Im Mai gesät oder gepflanzt, kann sie nach dem Anwachsen das ganze Jahr über geerntet werden, mundet jedoch im Frühling besonders gut.

Nicht ganz alltägliche Genüsse

Noch etwas schärfer als Kresse, fast senf- oder meerrettichartig, schmecken die nieren- bis herzförmigen, dunkelgrünen Blätter des Löffelkrauts. Die zwei- bis mehrjährige Pflanze bevorzugt einen halbschattigen Platz mit frischem bis feuchtem Boden und kann im Frühjahr oder Spätsommer gesät werden. Oft breitet sie sich dann selbst über Samen aus. Die wintergrünen Blätter können Sie auch in der kalten Jahreszeit ernten. Die am besten jung geernteten Blätter haben ausgesprochen hohe Vitamin-C-Gehalte und lassen sich ähnlich wie Kresse verwenden oder wie Spinat dünsten.

Die Tripmadam, eine Verwandte von Mauerpfeffer und Fetthenne, ist eine sehr anspruchslose, sonnenliebende Staude für Steingärten, Trockenmauern und Tröge. Ihre zierenden Blättchen sind je nach Sorte grün, gold- bis orangegelb oder blaugrün gefärbt und bringen auch Farbe in die Salatschüssel. Mit ihrem frischen, leicht säuerlichen Geschmack werden sie auch von Feinschmeckern geschätzt. Man erntet vorzugsweise die jungen Triebspitzen für Frühlingssalate und -suppen, Quark, Soßen und Remouladen.

grünzeug Spezial:

Schmackhafte Wildkräuter

Zahlreiche Wildpflanzen im Garten und in der Natur erweitern die Palette der gesunden Frühlingskräuter und schmecken oft überraschend lecker, wenn man die jungen, noch zarten Blätter erntet. So munden z. B. Brennnessel, Löwenzahn, Gänseblümchen und Vogelmiere in Salaten ebenso wie als gedünstetes Gemüse. Auch Gundermann, Knoblauchsrauke und Scharbockskraut sind geeignet, ja sogar der als Unkraut ausgesprochen lästige Giersch. Ernten Sie aber nur Wildkräuter, die Sie kennen und die sich für kulinarische Zwecke bewährt haben. Andere könnten nicht nur ungenießbar, sondern auch giftig sein.

Ein Kraut mit Bärenkräften

Kaum ein anderes Kraut wurde in den letzten Jahren so für seinen Gesundheitswert gerühmt wie der Bärlauch. Mit hohen Gehalten an Vitaminen, Eisen und anderen Mineralstoffen sowie Schwefelverbin-

dungen, die die Immunabwehr stärken und die Durchblutung fördern, soll er geradezu Bärenkräfte verleihen. Seine Zwiebeln sind ebenso essbar wie die lanzettlichen, sattgrünen Blätter. Mit seinem fein knoblauchähnlichen Geschmack passt er in Salate, Quark, Suppen und Soßen und lässt sich außerdem zu einem pikanten Pesto verarbeiten.

Bärlauch treibt im zeitigen Frühling aus und zieht nach der Blüte im Mai seine oberirdischen Teile ein. Man kann ihn in der freien Natur sammeln, muss dann aber sehr aufpassen, dass man ihn nicht mit dem hochgiftigen Maiglöckchen oder Aronstab verwechselt. Mit seinem knoblauchartigen Geruch und anhand seiner Zwiebeln lässt er sich aber in der Regel gut identifizieren. Sicherer ist jedoch der Anbau im eigenen Garten an einem halbschattigen bis schattigen, humosen Standort unter Gehölzen. Im Gartenfachhandel gibt es Zwiebeln für die Herbstpflanzung sowie Jungpflanzen zum Setzen im zeitigen Frühjahr.

RECHTS: Der Bärlauch ist in feuchten Laub- und Auwäldern zu Hause und erfüllt sie im Frühling mit würzigem Duft. Er zählt zu den wenigen Kräutern, die noch im Schatten gedeihen und ihr volles Aroma entfalten.

Rhododendron

Prächtige Blütenstars des Spätfrühlings

Mit zunehmender Wärme und Tageslänge verwöhnt uns der Garten fast täglich mit neuen, schönen Blüten. Doch das Schauspiel der Rhododendren und Azaleen ist eine Klasse für sich: Wenn sich zwischen April und Juni die üppigen Blütendolden über den dunkelgrünen, glänzenden Blättern öffnen, verleihen sie dem Garten ein Flair von Noblesse und fernöstlichem Zauber. Der aus dem Griechischen abgeleitete Name Rhododendron bedeutet, wörtlich übersetzt, »Rosenbaum« und weist schon auf die hohe Wertschätzung hin, die diese Schönheiten seit alters genießen.

Riesige, mittelgroße oder zierliche Blütenstände, Wuchshöhen und -breiten zwischen 40 cm und 4 m: Die Sortenvielfalt dieser Sträucher hat für jede Grundstücksgröße und Gartensituation etwas zu bieten.

Und mit ihrem gewaltigen Spektrum an Blütentönen können sie einen wahren Farbenrausch auslösen. Leider bereiten Rhododendren des Öfteren auch Kopfzerbrechen – vor allem, weil sie den Kalkgehalt normaler Gartenböden schlecht vertragen.

Rhododendren und Azaleen

Rhododendren gehören zur Familie der Heidekrautgewächse (Ericaceae), die bis auf wenige Ausnahmen saure, kalkarme Böden brauchen. Weltweit gibt es rund 1000 Rhododendron-Arten. Nur zwei davon wachsen wild in Mitteleuropa, sind typische Gebirgsbewohner und deshalb auch als Alpenrosen bekannt. Die meisten Wildarten haben ihre Heimat in Ostasien, hauptsächlich in China und Japan. Ostasiatische sowie nordamerikanische Arten sind auch überwiegend die Stammformen der zahlreichen, meist gut winterharten Züchtungen, die unsere Gärten schmücken. Fast alle sind immergrün und bieten so auch über Winter etwas fürs Auge. Die als Azaleen bezeichneten Sorten zählen ebenfalls zur Gattung *Rhododendron*; sie verlieren aber im Herbst ihr Laub oder werfen es – wie die Japanischen Azaleen – zumindest teilweise ab.

grünzeug **Spezial:**

Frosthärte und Winterschutz

Die meisten Rhododendren kommen auch mit stärkeren Frösten zurecht, nachdem sie gut eingewachsen sind. In den ersten Jahren ist allerdings das Abdecken des Wurzelbereichs mit Laub oder anderen Mulchmaterialien ratsam. Die immergrünen Rhododendren leiden oft eher unter Trockenheit als unter Kälte: Wenn der Boden gefroren ist, können sie kein Wasser aufnehmen. Vorbeugend helfen Schutzvorrichtungen gegen austrocknende Spätwintersonne und Winde, z. B. aufgestellte Schilfmatten oder einfache Lattengerüste, die mit Jutestoff bespannt werden; außerdem gründliches Gießen bei frostfreiem Wetter

Gut belichtet, sicher beschirmt

Die meisten fremdländischen Rhododendren sind ebenso wie unsere heimischen Alpenrosen im Gebirge zu Hause, häufig in niederschlagsreichen Regionen. Dort wachsen sie in lichten Wäldern, an Hängen oder auf Geröll. Ihre Wurzeln müssen oft mit dünnen, stark humosen, sauren Bodenschichten vorliebnehmen und breiten sich entsprechend flach aus. Die Luft- und Bodenfeuchtigkeit ist recht hoch, aber wegen des steinigen Untergrunds und der abschüssigen Standorte läuft das Wasser gut ab. So stehen die Wurzeln nie nass.

RECHTS: Die meisten Azaleen vertragen mehr Sonne als die immergrünen Rhododendren. Je nach Sorte wachsen sie 0,5–2,5 m hoch und breit und öffnen meist im Mai und Juni ihre üppigen Blütenstände.

Daraus lässt sich vieles für den geeigneten Standort im Garten ableiten. Zunächst einmal sind Rhododendren keine Schattengewächse, wie öfter angenommen wird: Sie brauchen reichlich Licht, um kräftig zu wachsen und üppig zu blühen. Viele Sorten vertragen sogar sonnige Plätze, wenn sie ausreichend gegossen werden. Günstiger ist allerdings ein lichtschattiger bis halbschattiger Standort unter nicht allzu dicht belaubten Bäumen oder Sträuchern – und ideal eine Stelle, an der die Rhododendren vormittags volle Sonne abbekommen, aber vor der prallen Mittagsstrahlung geschützt sind. Größere, beschirmende Gehölze sorgen zudem für höhere Luftfeuchtigkeit und bieten etwas Schutz vor starken Winden und Frösten.

Saure Böden und kalktolerante Sorten

Der »Knackpunkt« bei der Standortwahl und -vorbereitung ist der bereits erwähnte saure Boden. Der Säuregrad eines Bodens, der eng mit dem Kalkgehalt zusammenhängt, lässt sich über den pH-Wert bestimmen. Diesen können Sie mithilfe von pH-Testsets aus dem Gartencenter ermitteln, noch zuverlässiger durch eine professionelle Bodenuntersuchung. Als sauer werden Böden mit einem pH-Wert unter 5,5 eingestuft, wobei Rhododendren bei einem pH zwischen 4,5 und 5 am besten gedeihen. So sauer sind allerdings nur wenige Gartenböden. Zu hohe pH-Werte und Kalkgehalte beeinträchtigen die Aufnahme wichtiger Nährstoffe. Deshalb sieht man häufig deutliche

Anzeichen von Eisenmangel: stark aufgehellte, gelbliche Blätter, bei denen lediglich die Blattadern grün bleiben. Oft wachsen die Sträucher dann auch kümmerlich und bilden nur wenig Knospen.

Die Blattsymptome können Sie zwar durch Gießen mit einem wasserlöslichen Eisendünger kurzfristig kurieren. Aber das garantiert noch kein gesundes Wachstum. Die einfachste Lösung ist, sich in Baumschulen oder bei Internet-Anbietern nach »INKARHO«-Rhododendren umzusehen. Dabei handelt es sich um Sorten, die auf kalktolerante Unterlagen veredelt wurden. Sie gedeihen in jedem normalen, auch tonhaltigen Gartenboden, selbst noch bei pH-Werten bis etwa 7,5. Mittlerweile werden schon etliche Sorten mit dem INKARHO-Siegel

UNTEN: Bei den kompakt wachsenden *Rhododendron*-Yakushimanum-Hybriden hellen sich die Blütenstände beim Verblühen reizvoll auf.

RECHTS: Vergilbende Blätter mit grünen Blattadern sind ein typisches Anzeichen für Eisenmangel, verursacht durch zu kalkhaltigen Boden.

angeboten. Diese Pflanzen sind allerdings etwas teurer als »normale« Rhododendren. Doch die Alternative, nämlich der möglichst umfangreiche Austausch des Bodens durch Rhododendrenerde, verlangt ebenfalls einige Investitionen.

Bodenvorbereitung und Pflanzgrube

Wenn Sie keine kalktoleranten Sorten verwenden, brauchen Sie Rhododendren- oder Moorbeeterde; diese gibt es auf Torfbasis sowie in umweltfreundlicheren, torffreien Varianten. Ist Ihr Boden schon schwach sauer (pH unter 6,5), reicht es, einige Säcke dieser Erde in den Boden einzuarbeiten und zum Schluss die Pflanzlöcher damit aufzufüllen. Andernfalls empfiehlt sich ein Austausch auf der gesamten Pflanzfläche: Der Boden wird bis gut 50 cm Tiefe ausgehoben und komplett durch Rhododendrenerde ersetzt.

Sehr wichtig ist zudem ein gut durchlässiger Untergrund. Gelbe Blätter und Kümmerwuchs resultieren häufig auch aus Verdichtungen und

Nässe im Boden. Heben Sie die Pflanzlöcher am besten 50–60 cm tief aus, um unten eine gut 10 cm hohe Dränageschicht aus grobem Kies einzubringen. Wurde zuvor nicht die komplette Pflanzfläche mit saurer Erde verbessert, sollte die Pflanzgrube viermal so breit sein wie der Wurzelballen, damit viel Platz zum Auffüllen mit Rhododendrenerde bleibt. Lockern Sie auch für INKARHO-Rhododendren den Pflanzplatz tief und gründlich und vermischen Sie den zum Auffüllen verwendeten Boden mit reichlich humoser Pflanzerde oder gut ausgereiftem Kompost. Treten Sie die Erde nach dem Ausfüllen nur leicht fest und gießen Sie kräftig an. Die besten Pflanzzeiten für Rhododendren sind September/Oktober und März bis Mitte Mai.

So bleiben Rhododendren schön

Rhododendren sind in Trockenphasen sehr dankbar für regelmäßiges, kräftiges Gießen, dürfen aber nicht nass gehalten werden. Verwenden Sie möglichst nur Regenwasser oder anderes kalkarmes Wasser sowie speziellen Rhododendrondünger. Eine erste Düngergabe erhalten die Sträucher zwischen März und Mitte April. Im Juni/Juli, nach dem Verblühen, wird nochmals nachgedüngt, um die Knospenanlage für das nächste Jahr zu fördern. Hacken vertragen die flach verlaufenden Wurzeln schlecht. Mulchen Sie stattdessen den Boden unter den Pflanzen 3–5 cm hoch mit Rindenmulch (Kiefernrinde), Falllaub, Laub- oder Nadelkompost oder angerottetem Holzhäcksel. Mischen Sie dem Mulchmaterial jeweils ein paar Handvoll Hornspäne unter. Verteilen Sie am besten auch alle zwei bis drei Jahre im Frühjahr Rhododendrenerde rund um die Strauchbasis, damit der Boden sauer bleibt. Besonders bei noch jungen Rhododendren empfiehlt es sich, verwelkte Blütenstände regelmäßig zu entfernen, damit nicht unnötig Kraft in die Samenbildung geht. Schneiden Sie im Frühjahr gelegentlich abgestorbene und überalterte Zweige ganz unten heraus. Die meisten Sorten vertragen auch einmal einen kräftigen Rückschnitt auf 50–60 cm, falls sie unschön geworden sind. Testen Sie aber zunächst an einzelnen Zweigen, ob die Pflanze darauf mit Neuaustrieb reagiert. Vor allem rot, orange und gelb blühende Sorten sind oft weniger schnittverträglich.

Ich habe einen einzelnen Rhododendron, der immer mehr gelbliche Blätter bekommt. Was kann ich tun?

Kugels Rat: Rhododendren, die von oben her gelbliche Blätter bekommen, wobei ganz typisch die Blattadern noch grün sind, haben in der Regel ein Problem mit dem Boden. Genauer gesagt: Der ph-Wert, das ist der Säure-Wert, des Bodens ist zu hoch und das passiert mit der Zeit bei Einzelpflanzen, weil die Wurzeln des Rhododendron in die ungebende meist kalkhaltige Erde hineinwachsen. In der kalkhaltigen Erde entsteht dann ein Eisenmangel mit den beschriebenen Symptomen. Ich empfehle bei dieser Einzelpflanze folgendes Vorgehen.Graben Sie die Pflanze im Oktober aus, machen Sie das Pflanzloch größer und füllen Sie großzügig mit Rhododendronerde auf. Dann pflanzen Sie den »Patienten« direkt wieder ein – gut Anwässern nicht vergessen und im April ca. 50 g Rhododendrondünger geben. Das ist die perfekte Gesundheitskur für den schwächelnden Rhododendron.

Bambus

Exotische Riesengräser und malerische Gestalten

Meterhohe Gestalten mit straff aufrechten Halmen und dekorativen, schmalen Blättern, und das mitten im Winter, ja sogar im weißen Schneekleid: So einen aparten Anblick können nur Bambusse bieten. Schon vor Jahrzehnten erwachte die Begeisterung für die Gräser mit dem fernöstlichen Flair. Seither wurden sie in etlichen kalten Wintern auf die Probe gestellt, wobei sich etliche Arten als recht frosthart bewährt haben.

Fast durchweg immergrün, bereichern Bambusse noch in der kalten Jahreszeit den Garten, werden allerdings zum Spätwinter hin oft »strohig«. Wenn die Blätter jedoch schon früh und stark verbräunen, liegt es häufig an Wassermangel, weil die Wurzeln bei gefrorenem Boden kein Nass nachliefern können. Ansonsten sind die ostasia-

tischen Schönheiten nicht übermäßig empfindlich. Und es müssen nicht unbedingt »Riesen« sein: Auch mit mittelgroßen und kleinen Arten lässt sich der Bambuszauber im Garten verwirklichen.

Horste oder Haine?

Wuchshöhe und -form, Zierwirkung der Blätter und Halme, Lichtanspruch und Frosthärte: All diese Kriterien spielen bei der Bambusauswahl eine wichtige Rolle. Doch zunächst sollte eine »Grundsatzfrage« gut überlegt sein: Nimmt man den Aufwand für eine Rhizomsperre in Kauf oder soll es lieber ein nicht wuchernder Bambus sein? Im letzteren Fall beschränkt sich die Wahl auf die Fargesien oder Schirmbambusse *(Fargesia)*; denn unter den winterharten Bambussen wachsen nur diese Arten als Horste ohne Rhizomausläufer.

Alle anderen breiten sich durch unterirdische Rhizome aus und bilden so an ihren Naturstandorten ausgedehnte Haine. Das kann bei bodenbedeckenden Bambussen wie Pleioblastus vorteilhaft sein, wird aber oft zur lästigen Plage, besonders bei den hohen, wüchsigen *Phyllostachys*-Arten. Die Rhizome treiben teils meterweit von der Mutterpflanze neue Halme aus dem Boden und verbreiten sich im ganzen Garten, wenn sie nicht sorgfältigst entfernt werden.

grünzeug Spezial:

Wenn der Bambus blüht

Mitte der 1990er Jahre sorgte das »Bambussterben« für Aufregung: Alle Exemplare von *Fargesia murieleae* blühten auf einen Schlag und starben danach ab. Tatsächlich geht bei den *Fargesia*-Arten, die nur alle 60 bis 100 Jahre blühen, alle Kraft in die Blüte und Samenbildung. Andere wie *Phyllostachys* und *Pleioblastus* dagegen lassen sich oft durch Rückschnitt bzw. bodennahen Wegschnitt der blühenden Halme mit nachfolgender Düngung und Bewässerung retten.

Deshalb empfiehlt sich für alle ausläuferbildenden Arten eine spezielle Rhizomsperre, die im Fachhandel angeboten wird. Es handelt sich um eine kräftige, »bambuserprobte« Kunststofffolie in meist 70 cm breiten Bahnen. Sie wird rund um die vorgesehene Pflanzfläche eingebaut, so tief, dass oben nur noch 5 cm überstehen. Die Enden der Folie verbindet man dann mit einer Verschlussschiene aus Aluminium. Mit der recht flexiblen Folie lassen sich auch große Areale, etwa für Bodendecker oder Bambushecken, umgrenzen. Für sehr hohe, einzelne Bambusse sollten ebenfalls große Flächen von mehreren Quadratmetern umgrenzt werden; für diese werden zudem meterbreite Kunststoffbahnen empfohlen.

RECHTS: Die stattlichen *Phyllostachys*-Arten beeindrucken allein schon durch ihre kräftigen, oft ansprechend gefärbten Halme. Zu den schönsten gelbhalmigen Sorten zählt *Phyllostachys vivax* 'Aureocaulis'

Bambusse in allen Größen

Wer sich gegen Rhizomsperren und für Fargesien entscheidet, verfügt immer noch über eine hübsche Auswahl verschiedener Sorten, hauptsächlich von *Fargesia murieliae*. Die meist 3–4 m hohen, breit buschigen Gräser haben feine, aber stabile, an den Spitzen oft überhängende Halme, die dicht mit hübschen, schmalen Blättern besetzt sind. Die meisten brauchen halbschattige bis schattige, luftfeuchte Plätze und fast alle sind gut winterhart. Sorten von *F. robusta* vertragen auch Sonne, ebenso *Fargesia* 'Jiuzhaigou' mit schönen roten Halmen. Fargesien wirken in Einzelstellung und in Gruppen attraktiv, bieten Sichtschutz und lassen sich auch gut in großen Kübeln ziehen.

Zur Gattung *Phyllostachys* gehören die wahren Riesen, die oft 5–7 m, teils sogar bis 10 m Höhe erreichen. Mit ihren kräftigen, stark verholzenden Halmen erinnern sie an Bäume und eignen sich vorwiegend als Solitäre. Die meisten vertragen Sonne wie Halbschatten und im

Winter auch stärkere Fröste. Durch die Dicke der Halme fällt auch deren Färbung in schönen Grün- oder Gelbtönen auf, manchmal auch mit kontrastierenden Flecken oder Streifen. *P. praecox* 'Violascens' beispielsweise zeigt auf olivgrünen Halmen hellgrüne Längsstreifen, die sich später violett verfärben.

Mittelhohe, 3–5 m große Bambusse finden sich ebenfalls bei *Phyllostachys*, so etwa *P. aureosulcata* 'Spectabilis' mit zitronengelben, später teils rot gefärbten und grün gestreiften Halmen. Die mittelhohen *Pseudosasa*- und *Semiarundinaria*-Bambusse gefallen durch ihre großen Blätter und schönen Wuchsformen, teils auch durch rötliche Halmfärbung. Sie wachsen in Sonne und Halbschatten.

Es gibt eine ganze Reihe von schönen Bambussen, die unter 2 m bleiben, teils sogar nur kniehoch werden und sich gut als Flächendecker und für Unterpflanzungen eignen. Typische Vertreter sind die *Pleioblastus*- und *Sasa*-Arten, die Sonne wie Schatten tolerieren. Zu den Kleinsten gehört *Pleioblastus virdistriatus* mit leuchtend gelbem, grün gestreiftem Laub, zu den etwas höheren *Sasa palmata* f. *nebulosa* mit sehr großen, dunkelgrünen Blättern.

Standortwahl und Pflanztipps

Pralle Mittagssonne, im Sommer wie im Spätwinter, und eisige Ostwinde machen den Gräsern besonders zu schaffen. Wenn sich ein davor geschützter Platz findet, ist das ideal. Der Boden sollte humos, nährstoffreich und gut durchlässig sein, keinesfalls staunass.

Die beste Pflanzzeit ist im späten Frühjahr und Frühsommer. Bei den ausläuferbildenden Arten muss zunächst rund um die Pflanzfläche ein tiefer Graben ausgehoben werden, um die Rhizomsperre einzubauen. Das eigentliche Pflanzloch sollte mindestens ein Drittel größer

RECHTS: Große Bambusse prägen ähnlich wie Zierbäume ganze Gartenbereiche und geben der Gestaltung ein individuelles Flair.

UNTEN: Nie ohne Rhizomsperre: Alle ausläuferbildenden Arten sollten schon bei der Pflanzung sorgfältig eingegrenzt werden.

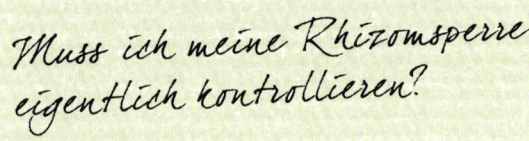

Muss ich meine Rhizomsperre eigentlich kontrollieren?

Kugels Rat: Unsere Gärtner im Blühenden Barock Ludwigsburg überprüfen einmal jährlich im Winter, ob die Rhizomsperren nicht von Wurzeln überwachsen sind. Mit der Zeit bildet sich zum Beispiel durch zersetztes Laub Humus, der sich auf der Rhizomsperre ablagern kann, und dort wachsen die Bambus-Rhizome gerne hinein, sodass sie uns auf diese Weise entwischen.

sein als der Wurzelballen. Bei recht schweren Böden ist eine Dränageschicht aus Sand oder feinem Kies über der zuvor gelockerten Grubensohle ratsam. Zum Verbessern des Aushubs empfiehlt sich das Untermischen von spezieller Bambuserde. Nach dem kräftigen Angießen muss der Boden auch in der Folgezeit stets feucht gehalten werden.

Wasserbedarf und Winterschutz

Bambusse haben generell einen recht hohen Wasserbedarf. Schon in trockenen, warmen Frühjahrswochen wird am besten alle paar Tage gegossen, bei Sommerhitze täglich. Um den eingangs erwähnten Trockenstress bei Frost zu vermeiden, gießt man auch im Winter von Zeit zu Zeit kräftig, wenn der Boden nicht gefroren ist.

Über Winter kann selbst bei frostharten Arten eine Laubschicht über dem Wurzelbereich nicht schaden, vor allem in den ersten Jahren. Empfindliche Bambusse erhalten eine dickere Laub- oder Strohdecke, am besten aufgeschichtet in einem Ring aus Maschendraht.

Kleine Pflanzen lassen sich zusätzlich mit einer Vliesabdeckung oder aufgestellten Schilfmatten vor kalten Winden beschirmen.

Handgriffe im Frühjahr und Sommer

Im Frühjahr schneidet man niedrige, über Winter gelb gewordene Bambusse kräftig zurück, mittelhohe auf rund 1 m. Bei hohen Sorten werden unschön gewordene Halme am Boden herausgeschnitten. Ältere Pflanzen sollte man auf diese Weise ab und zu beherzt auslichten. Nach dem Frühjahrsschnitt erhalten die Bambusse ihre erste Nährstoffgabe, vorzugsweise mit Bambusdünger. Die zweite Düngung erfolgt im Spätsommer.

Achten Sie trotz Rhizomsperre regelmäßig darauf, dass keine Ausläufer ihr abgegrenztes Revier verlassen. Am besten wird der äußere Rand des umsperrten Bereichs von Halmen bzw. Schösslingen weitgehend frei gehalten. Wenn Fargesienhorste unerwünscht in die Breite wachsen, kann man sie einfach durch Abstechen mit dem Spaten in Form bringen.

Wolfsmilch, Euphorbien

Charmante Stauden mit dem gewissen Etwas

Im Jahr 2013 kam die Gattung Wolfsmilch *(Euphorbia)* zu besonderen Ehren: Der Bund deutscher Staudengärtner kürte sie zur Staude des Jahres. Doch mancher muss bei dem Namen erst einmal überlegen. Vielen fällt zuerst die Kreuzblättrige Wolfsmilch *(Euphorbia lathyris)* ein, die sich öfter von selbst im Garten ausbreitet und im Ruf steht, Wühlmäuse zu vertreiben – was sich leider nicht immer bestätigt. Aber die Wolfsmilcharten, auch Euphorbien genannt, haben für den Garten noch viel mehr zu bieten: Interessante, manchmal bizarre Pflanzengestalten mit dekorativem Blattwerk und teils prächtig gefärbten Blütenhochblättern.

Für fast jede Gartensituation gibt es reizvolle Euphorbien. Manche sind stattliche Erscheinungen, andere bilden mittelgroße, halbkugeli-ge Horste oder wachsen niederliegend am Boden. Sie fallen ins Auge, drängen sich aber nicht in den Vordergrund und vermitteln mit ihren Grün- und Gelbgrüntönen zwischen farbkräftigeren Pflanzpartnern.

Von Natur aus vielfältig

Mit weltweit über 2000 Arten in verschiedenen Kontinenten und Lebensräumen bietet die große Gattung Wolfsmilch eine überaus reiche Vielfalt. Etliche Arten wachsen in den Subtropen und Tropen als Sukkulenten oder baum- und strauchartig; darunter manche unserer beliebtesten Zimmerpflanzen, so etwa der Weihnachtsstern *(Euphorbia pulcherrima)* und der Christusdorn *(E. milii)*. Die in den gemäßigten Zonen verbreiteten Euphorbien sind dagegen überwiegend krautige, oft mehrjährige Pflanzen. Davon haben sich bislang schon gut ein Dutzend Arten als attraktive Gartenstauden bewährt. Einige von ihnen sind bei uns heimisch, andere wachsen wild in Süd- und Südosteuropa oder in Asien.

Blattschmuck und ungewöhnliche Blüten

Die meist breitbuschigen Euphorbien bestechen zunächst einmal durch ihre Wuchsformen und Blätter, die oft quirlartig an den Stängeln stehen. Vielfältige Grünnuancen, teils mit helleren Rändern oder Mittelstreifen, rote Töne beim Austrieb oder auch ganzjährig, mit schöner Herbstfärbung oder wintergrün: Euphorbien können mit allem aufwarten, was man an Blattschmuckstauden schätzt. Sie sind aber auch ansprechende, ausdauernde Blüher, wobei die Blüte meist im April oder Mai einsetzt und bis in den Juni oder Juli hinein anhält. Der Begriff »Blüte« ist allerdings etwas irreführend: Die eigentlichen Blüten sind klein und unscheinbar, werden aber von auffälligen Hochblättern umgeben, die grüngelb, orange oder rot leuchten.

Markante Gestalten

Wird eine nicht ganz alltägliche Leitstaude für sonnige Beete gesucht, bietet sich besonders die Hohe Wolfsmilch (*E. cornigera* 'Goldener Turm') an. Die gut standfeste Pflanze mit ihrem filigranen Blattwerk erreicht 70–120 cm Höhe. Ihre üppigen, goldgelben Blütenstände erscheinen erst im Juni und Juli. Sie harmoniert schön mit roten Schafgarben, blauvioletten Astern und Glockenblumen. Ähnlich präsentiert sich die noch stattlichere, bis 150 cm hohe Weidenwolfsmilch (*E. sarawschanica*) mit braunroten Stängeln und bläulich grünen Blättern.

grünzeug **Spezial:**

Die Milch der Wölfe

Euphorbien führen in ihren Stängeln einen Milchsaft, der Giftstoffe enthält: die namengebende »Wolfmilch«. Bedrohlich »wie ein Wolf« ist der Saft allerdings nur bei wenigen Arten mit höherer Giftkonzentration, vor allem bei der Kreuzblättrigen »Wühlmaus«-Wolfmilch (*Euphorbia lathyris*) und der Zypressenwolfmilch (*E. cyparissias*). Wirklich gefährlich kann es werden, wenn der Saft in die Augen oder gar in den Magen gelangt. Bei Hautkontakt führt er manchmal zu Reizungen und Rötungen. Tragen Sie deshalb z. B. beim Rückschnitt am besten Handschuhe oder waschen Sie danach gründlich die Hände.

Die bis 130 cm hohe, wintergrüne Mittelmeer-Wolfmilch (*E. characias* subsp. *wulfenii*) bringt mit großen gelbgrünen Blütenständen ab April und dicht quirlartig stehenden Blättern südländisches Flair in den Garten – sehr stimmig z. B. zwischen Lavendel und rotblättrigem Salbei. Sie braucht allerdings einen möglichst geschützten Platz, etwa an einer warmen Hauswand. Die nah verwandte *E. characias* subsp. *characias* bleibt mit rund 50 cm deutlich kompakter und wartet mit einigen hübschen Sorten auf, etwa 'Black Pearl' mit schwarzen Mittel-

LINKS: Der »Schnee auf dem Berge« (*Euphorbia marginata*) ist zwar nur kurzlebig, versamt sich aber gerne von selbst. Die Stängel mit den hübschen, weiß gerandeten Blättern eignen sich schön für gemischte Sträuße.

flecken zwischen den Blütenhochblättern. Diese Unterart ist allerdings noch etwas frostempfindlicher.

Kräftige Farben zeigt die 60–100 cm hohe Himalaya-Wolfsmilch (*E. griffithii* 'Fireglow' und 'Dixter') mit leuchtend orangeroten Blütenhochblättern im Frühling und prächtig gelbroter Herbstfärbung. Da sich die Himalaya-Wolfsmilch durch Ausläufer ausbreitet, eignet sie sich weniger für Beete, sondern eher für sonnige Freiflächen und Gehölzränder. Die rund meterhohe Sumpfwolfsmilch (*E. palustris*) mag es, wie schon ihr Name verrät, feuchter und passt sehr gut an Teichufer. Sie blüht ab Mai gelb und zeigt im Herbst eine gelbe bis rote Blattfärbung.

UNTEN: Die Himalaya-Wolfsmilch ist eine der farbkräftigsten *Euphorbien*. Ihre orangeroten Blüten erscheinen im Mai und Juni.

RECHTS: Mit gelben Frühjahrsblühern wie Tulpen, Mittelmeer- und Goldwolfsmilch lassen sich fröhliche Rabatten mit sonnigem Flair gestalten

Halbhohe und niedrige Zierden

Unter den mittelgroßen Arten ist die bis 50 cm hohe Süße Wolfsmilch (*Euphorbia dulcis* 'Chamaeleon') die wohl attraktivste für Beete und Rabatten. Die Blätter der schön halbkugeligen Staude verfärben sich von Dunkelrot mit Grün beim Austrieb über grünliches Braun, von dem sich die Blüten wie gelbe Punkte abheben, bis hin zur rotbraunorangen Herbstfärbung. Die charmante, halbkugelige Wuchsform ist auch ein Markenzeichen der Goldwolfsmilch (*E. polychroma*), von der es mit 'Purpurea' ein hübsche rotblättrige Sorte gibt. Sie bezaubert im Spätfrühling mit großen, gelbgrünen Hochblättern.

Andere 30–60 cm hohe Arten wie die Steppenwolfsmilch (*E. segueriana* subsp. *niciciana*) und die wintergrüne Nizza-Wolfsmilch (*E. nicaeensis*) können zwar auch Rabatten zieren, gedeihen aber besser in Steppen- oder Kiesbeeten mit gut durchlässigem, nährstoffarmem Boden. Das gilt auch für die Zypressenwolfsmilch (*E. cyparissias*), die sich mit Ausläufern kräftig von selbst ausbreitet und mit zitronengelben, intensiv duftenden Blüten sowie feinen, nadelähnlichen Blättchen aufwartet.

Meine Zypressen- und Walzenwolfsmilch will im Staudenbeet nicht so recht gedeihen.

Kugels Rat: Ich liebe diese beiden Euphorbien, vor allem wegen ihrer auffälligen Belaubung – einmal ganz zart und fein bei der Zypressenwolfsmilch und dann wieder etwas auffällig grau und walzenförmig bei der Walzenwolfsmilch.
Beide Arten brauchen volle Sonne und einen ganz mageren Standort mit kalkhaltigem Boden. In einem klassischen Staudenbeet mit Rittersporn, Phlox & Co. Wird das schwierig, denn diese Stauden brauchen ja humose, tiefgründige Böden. Diese zwei »Sonnenkinder« unter den Euphorbien sollten Sie auf einer Mauerkrone oder einem sonnigen Hang platzieren und den Standort, wenn nötig, noch mit Sand oder Lavagranulat »abmagern«.

Ein besonderes Kleinod ist die Walzenwolfsmilch (*E. myrsinites*), die ihre blaugrünen »Blattwalzen« höchstens 25 cm in die Höhe reckt. Sie ist wintergrün und ideal für Steingärten, Kiesbeete, Mauerkronen, Tröge und begrünte Dächer – auch in größeren Trupps als Bodendecker. Anders als die meisten Euphorbien bevorzugt die 40 cm hohe Mandelblättrige Wolfsmilch (*E. amygdaloides*) einen licht- bis halbschattigen Platz am Gehölzrand. Ihre rotblättrige und rotstielige Sorte 'Purpurea' zählt zu den schönsten immergrünen Stauden.

Pflanz- und Pflegetipps

Die meisten Euphorbien wirken am besten, wenn sie einzeln oder höchstens in Dreiergruppen gepflanzt werden. Im Allgemeinen empfiehlt sich eine Pflanzung im Frühjahr; dann sind die im Jugendstadium teils etwas frostempfindlichen Stauden bis zum ersten Winter schon gut eingewurzelt. Die meiste Aufmerksamkeit verlangen die wintergrünen Arten. Da sie in der kalten Jahreszeit »aktiv« bleiben, leiden die Blätter teils direkt unter Frösten, vor allem aber unter Wassermangel, wenn der Boden längere Zeit gefroren ist. Wählen Sie deshalb für diese Arten einen möglichst geschützten Platz und decken Sie sie in Frostperioden mit Fichtenreisig oder Gartenvlies ab.

Wichtig ist es außerdem, bei den wintergrünen Arten die Blütentriebe gleich nach dem Verblühen unten wegzuschneiden. So treiben sie wieder dicht und kräftig aus. Entfernen Sie aber bei der Walzenwolfsmilch nur die abgeblühten Blütenstände. Bei den sommergrünen Arten sind die welken Stängel auch über Winter recht ansehnlich und schützen zudem die Sprossbasis. Hier schneidet man lediglich im nächsten Frühjahr unschöne Reste heraus.

In langen Trockenzeiten müssen nur Sumpfwolfsmilch, Himalaya-Wolfsmilch und Beetstauden wie die Hohe Wolfsmilch gelegentlich gegossen werden, außerdem die Mandelblättrige Wolfsmilch, wenn sie sehr sonnig steht. Die hohen Arten bekommen im Frühjahr ein wenig Kompost; das reicht in der Regel für die Nährstoffversorgung. Nicht zuletzt wegen ihres giftigen Milchsafts bleiben Euphorbien von Schnecken und anderen Schädlingen meist verschont.

Eine Kräuterspirale anlegen

Vielfalt auf kleinstem Raum

Mit einer Kräuterspirale oder Kräuterschnecke können Sie auf relativ kleinem Raum eine Vielzahl unterschiedlicher Kräuter anbauen. Im Prinzip ist sie eine spiralig oder rundlich angeordnete Trockenmauer aus Natursteinen, Ziegeln oder auch Betonbrocken, die ohne Mörtel übereinandergeschichtet werden. In die Flächen zwischen den Steinen und die Mauerritzen werden dann die Kräuter gepflanzt. Die oberen Bereiche bekommen mehr Sonne und sind trockener, da das Regenwasser schneller nach unten abfließen kann. Hier ist der ideale Platz für mediterrane Kräuter, die keine Nässe mögen. Thymian, Lavendel, Rosmarin und Oregano finden dort ideale Standortbedingungen. Je weiter man auf der Spirale zu den unteren Bereichen kommt, desto frischer, feuchter wird der Boden. Hier fühlen sich Küchenkräuter wie Liebstöckel, Petersilie, Dill und Kerbel, aber auch die verschiedenen Minzen wohl.

Wenn Sie am Fuß der Spirale einen Mörteleimer oder ein Fertigteichbecken platzieren, können sogar nässeliebende Kräuter wie die Brunnenkresse im eigenen Garten angepflanzt werden.

Standort und Größe

Die Kräuterspirale sollte so viel Sonne wie möglich erhalten, da nur wenige Kräuter auch mit Halbschatten zurechtkommen. Sie kann in den Kräuter- oder Gemüsegarten integriert werden oder mitten im Rasen als Blickfang. Nur zu weit von der Terrasse oder der Küche sollte sie nicht gebaut werden – schließlich sollen die frischen Kräuter ja auch schnell zur Hand sein. So können Sie beim Kochen schnell noch Kräuter zum Würzen schneiden, ohne dass das Essen kalt wird.

Was die Größe angeht, so sollte die Kräuterspirale mindestens 2 m Durchmesser haben, besser sind auf jeden Fall 3 bis 4 m, denn dann bildet sich ein stabiles Biotop. Außerdem ist eine große Spirale stabiler. Bei kleinen Kräuterspiralen können die Steine, wenn die Spirale zu steil ansteigt, bei Dauerregen nach außen abrutschen.

grünzeug Spezial:

Höhe und Stabilität

Je höher sich die Steine der Kräuterspirale schrauben sollen, desto stabiler und breiter muss die Basis sein. Auch der Neigungswinkel darf nicht zu steil sein, denn sonst werden die Steine bei Minusgraden von der dahinterliegenden feuchten Erde, die sich bei Frost ausdehnt, nach vorne gedrückt und können abrutschen. Das gleiche kann nach einem starken Dauerregen passieren, wenn die ganze Spirale in einer Art Mini-Erdrutsch in sich zusammenfällt. Wenn die Spirale höher als einen Meter werden soll, ist es auf jeden Fall ratsam, einen mit dem Bau von Trockenmauern erfahrenen Garten- und Landschaftsbauer hinzuzuziehen.

Das Material

Am schönsten sieht eine Kräuterspirale aus Natursteinen aus. Es gibt unglaublich viele verschiedene Steinarten, sodass die Wahl durchaus schwerfallen kann. Am besten fügen sich Steine aus der näheren Umgebung in den Garten ein. Sie passen farblich zum Boden und zur Erde und wirken natürlicher als fremde Steine.

Ein weiterer Vorteil liegt im geringeren Preis, denn sie müssen nicht von weit her transportiert werden. Auch bei einer kleineren Spirale brauchen Sie schon eine ganz beachtliche Menge an Steinen, und es kommt schnell ein Gewicht von einigen Tonnen Material zusammen.

RECHTS: Mit Bambusstäben und Gartenschnur kann die Form der Spirale abgesteckt werden. Entlang der Schnur schichtet man dann die Steine auf. Am unteren Ende ist bereits ein Mörtelkübel als Miniteich platziert.

Außerdem brauchen Sie als Fundament und zur Dränage Schotter. Pro Quadratmeter Grundfläche sollten Sie mit 0,3m³ Dränagematerial rechnen.

Bauanleitung Schritt für Schritt

Wenn der richtige Platz gefunden ist, wird der Umriss der Spirale markiert. Am einfachsten geht das mit etwas Sand, einer Schnur oder Sägespänen. Auch ein Gartenschlauch leistet gute Dienste. Er hat den Vorteil, dass man mit ihm besonders einfach geschwungene, organische »Linien« legen kann. Die Form der Spirale sollte mehr oder weniger kreisrund bis breitoval sein.

Der Boden unter der zukünftigen Spirale wird nun spatentief ausgehoben, damit man den Schotter bzw. Kies als Dränage und Fundament einfüllen kann. Das ausgehobene Erdmaterial wird in der Nähe auf einer Plane zwischengelagert – Sie brauchen es nachher zum Auffüllen der Spiralbeete.

Wenn Sie am unteren Ende der Spirale ein kleines Wasserbecken oder einen Teich anlegen möchten, können Sie die dafür notwendige Grube jetzt auch gleich mit ausheben. Der Teich sollte am besten auf der Ost- oder Westseite der Spirale liegen. Auf der Südseite ist er den ganzen Tag der prallen Sonne ausgesetzt, und das Wasser erwärmt

sich schnell und stark. Da man nicht verhindern kann, dass bei Regen immer wieder einmal etwas nährstoffreiches Erdreich aus der Spirale nach unten in den Teich gespült wird, kann es dann zu verstärktem Algenwachstum kommen.

Wenn der Dränageschotter eingefüllt ist, wird er leicht verdichtet – er bildet das Fundament der Spirale und darf sich nicht setzen. Sonst würde die Spirale im laufe der Zeit nach innen einsacken. Beginnen Sie mit einem größeren Stein am unteren Ende, an den sich nach und nach leicht nach innen geneigte weitere anschließen. Wenn Steine übereinander geschichtet werden, ist es ganz wichtig, dass keine senkrechten Fugen über zwei Steinschichten entstehen, sondern die Steine immer überlappend gelegt werden. Nur so erhält die Mauer genug Stabilität.

Der Bau der Mauer geht etwas einfacher, wenn man in der Mitte einen kleine Hügel aus Erde und Schotter aufhäuft, der als grobe Orientierung dient.

Kann ich eine Kräuterspirale wirklich selbst anlegen?

Kugels Rat: Ja, klar geht das! Haben Sie Mut und gehen Sie Schritt für Schritt – so wie hier im Buch beschrieben – vor. Im Rahmen unserer Reihe »Kugel kommt« haben wir in »Grünzeug« einmal mit 6 Helfern in nur 3 Stunden eine Kräuterspirale mit Miniteich fix und fertig gebaut und bepflanzt. Mit 2–3 Personen sollten Sie 1–2 Tage Bauzeit einplanen.

Noch zwei ganz persönliche Tipps:
Legen Sie die Ausrichtung Ihrer Kräuterspirale sehr sorgfältig fest. Die schattenliebenden Kräuter sollten wirklich im Norden oder Osten der Spirale sein, und die mediterranen Kräuter in der vollen Sonne. Sehr nützlich ist auch der Tipp, die Steine vor dem Beginn breit auf dem Boden auszulegen, damit fällt die Auswahl des jeweils nächsten Steines viel leichter.

Der Abstand zwischen den spiraligen Mauern sollte mindestens 50, besser 60–70 cm betragen. Ist der Pflanzstreifen zu schmal oder die Spirale zu steil, besteht die Gefahr, dass die oberen Steine nach einem Regen durch ihr Eigengewicht nach unten abrutschen und die Spirale in sich zusammenfällt. Ganz wichtig beim Bau ist ein sorgfältiges Platzieren und Austarieren der Steine, damit die Mauer stabil wird. Sie sollte an keiner Stelle höher als 1m werden, denn dann ist eine Hinterfüllung mit Dränageschotter notwendig und ein tieferes Fundament.

Bevor es ans Bepflanzen geht, werden die Pflanzstreifen zuerst mit Schotter und dann mit dem ausgehobenen Erdreich befüllt. Im oberen Bereich können Sie den Boden noch mit etwas Sand abmagern. Regenwasser kann so leichter versickern – mediterrane Kräuter mögen keine Nässe. Treten Sie die Erde leicht an, damit sie sich später nicht mehr zu sehr setzt.

Bepflanzung

Beginnen Sie mit dem Pflanzen von oben nach unten, denn dann behindern Sie schon gepflanzte Kräuter nicht beim Einsetzen. Auf die Krone der Spirale kommen trockenheitsverträgliche Kräuterarten wie Lavendel, Thymian, Oregano und Currykraut. In die Fugen setzen Sie Sprosse von Mauerpfeffer, Tripmadam und Polster-Thymian. Als Nächstes folgen im Bereich darunter Majoran, Bohnenkraut, Estragon, Basilikum und Ysop, in den mittleren Zonen fühlen sich Borretsch, Liebstöckel, Pimpinelle, Portulak und Schnittsellerie wohl. Verzichten sollten Sie auf die Zitronenmelisse, die sich durch Ausläufer und Selbstaussaat schnell ausbreitet und die ganze Spirale in Beschlag nehmen wird. Im unteren Bereich der Spirale und am Fuß der Trockenmauer fühlen sich Küchen- und Salatkräuter wie Rucola, Petersilie, Kerbel, Sauerampfer, Schnittlauch, Kresse, Dill, Fenchel und Koriander wohl. Beachten Sie bei der Bepflanzung auch die Wuchshöhe. Kräuter wie Liebstöckel, Beinwell, Borretsch, Fenchel und Dill werden sehr hoch und sollten daher am Rand einen Platz finden, damit sie die Kräuter in den oberen Bereichen nicht beschatten.

Pflege

Einmal angewachsen brauchen die Kräuter auf und an der Spirale nur wenig Pflege. Sie werden schnell beobachten, dass sich manche aus-

breiten, andere werden sich zurückziehen – das ist ein Zeichen dafür, dass ihnen der Standort nicht behagt. Im Spätherbst oder Frühjahr werden abgestorbene Triebe zurückgeschnitten. Im Frühjahr ist eine leichte Düngung mit Hornspänen und Knochenmehl empfehlenswert. Seien Sie jedoch mit der Dosierung zurückhaltend, sonst wachsen die Kräuter zu stark und werden anfällig für Krankheiten wie Mehltau.

Gegossen wird nur bei extremen Trockenperioden, die normalen Regenfälle reichen in der Regel vollkommen aus, um den Kräutern auf der Spirale ein gesundes Wachstum zu ermöglichen.

OBEN LINKS: Nach und nach wird parallel zum Schichten der Steine das Erdsubstrat in die Spirale eingefüllt und gut festgetreten, damit nichts nachrutscht. **UNTEN LINKS:** Die Topfkräuter werden an den für sie vorgesehen Plätzen verteilt. Mediterrane Kräuter nach oben, Küchen- und Salatkräuter in den unteren Bereich. **OBEN RECHTS:** Auch wenn die Bepflanzung anfangs noch etwas dürftig wirkt, erliegen Sie nicht der Versuchung und pflanzen zu dicht. **UNTEN RECHTS:** Die Pflanzen entwickeln sich schnell und nach ein paar Monaten sind kaum noch Lücken erkennbar.

Bunte Salate, leckere Gemüse

Schmackhaftes und Gesundes für frühe Ernten

Ähnlich wie die frühen Blütenschönheiten sind auch die ersten Gaumenfreuden aus dem Garten ein außerordentlicher Genuss: Sie bieten nach der langen Ruhepause endlich wieder Frisches für die Küche und machen wintermüde Gärtner wieder munter. In Kleingewächshäusern und Frühbeeten wachsen die ersten Salate und Gemüse besonders schnell heran, aber auch mit einfachen Hilfsmitteln wie Abdeckvliese, Loch- und Schlitzfolien kommen Sie bereits früh zu den ersten Ernten. Lassen sich die etwas abgetrockneten Beete schon gut bearbeiten und werden von der milden Frühlings-

sonne erwärmt, kann es bereits ab Ende Februar oder Anfang März losgehen. Die meisten Frühsalate und -gemüse kann man auch prima in Balkonkästen ziehen.

Der Klassiker: zarter Kopfsalat

Kopfsalat gilt vielen als Sommervergnügen. Doch bei späterem Anbau ab Mai müssen Sie unbedingt auf schossfeste Sorten achten; außerdem keimen die Samen bei Temperaturen über 20 °C schlecht. Viel besser gelingt die Keimung im Frühjahr zwischen 10–16 °C. Und wenn es im Garten noch zu frisch ist, lassen sich die Pflänzchen drinnen vorziehen. Achten Sie beim Pflanzen darauf, dass das Herz, aus dem die Blätter treiben, nicht mit Erde bedeckt wird. 'Maikönig', der Name einer bewährten Frühsorte, weist schon darauf hin, wann bei zeitiger Aussaat die erste Ernte winkt. Weitere Sorten für frühe Ernten sind z. B. 'Dolly' und 'Susana' (beide mehltauresistent) sowie 'Estelle' und 'Sylvesta' (mehltau- und blattlausresistent). Gegen Ende Mai bereichern dann die ersten Köpfe des rotbraun gefärbten 'Merveille des quatres saisons' das Repertoire.

grünzeug Spezial:

Stets frischer Nachschub

Die hier genannten Gemüse brauchen im Frühling nur sechs bis zehn Wochen von der Aussaat bis zur Ernte, zum Sommer hin geht es noch schneller. Wenn Sie alle zwei bis vier Wochen nachsäen, können Sie vom späten Frühjahr bis zum Herbst ständig Frisches ernten. Durch die zeitlich gestaffelte Aussaat kleinerer Mengen lassen sich auch unnötige »Salatschwemmen« vermeiden. Sie müssen allerdings ab April auf geeignete Sommersorten von Kopfsalat, Rettichen und Radieschen achten. Die gibt es übrigens auch beim Spinat und Feldsalat, die sich so fast ganzjährig anbauen und genießen lassen.

Herzhaft schmeckende Alternativen sind Eis- und Bataviasalat, die aber im Schnitt rund zwei Wochen länger brauchen, bis sie erntereife Köpfe gebildet haben. Schneller geht es dagegen beim Romanasalat, wenn Sie kompakte »Miniformen« wie 'Counter' oder 'Xanadu' wählen. Bei ihnen umschließen wenige dunkelgrüne Blätter die delikaten Salatherzen.

RECHTS: Asia-Salate wie Komatsuna bereichern die Palette der Frühlingssalate mit würzigem Geschmack. Der etwas schärfere Blattsenf 'Mustard Red Giant' fällt mit seinen tiefroten Blättern schon im Beet auf.

Die Schnellwüchsigen: Pflück- und Schnittsalate

Salatgenuss schon ab April versprechen Pflück- und Schnittsalate, bei denen es sich um Kopfsalat-Varietäten handelt. Pflücksalate bilden kleine, lockere Köpfe, die man als Ganzes erntet oder nach und nach von außen pflückt. Schnittsalate wachsen als dichte Blattrosetten, die bei 10–15 cm Höhe geschnitten werden; verschont man dabei das Herz im unteren Drittel, treiben sie wieder nach. Von diesen beliebten Salaten gibt es zahlreiche Sorten mit verschiedenen Blattformen und -farben. Zu den Pflücksalaten zählen Eichblattsalate mit gebuchteten Blättern wie 'Smile' (sattgrün) und 'Navara' (bronzerot) sowie Sorten mit gekrausten Blättern, etwa 'Lollo Bionda Onyx' (gelbgrün) und 'Lollo Rossa Solmar' (kräftig rotgrün). Die meisten dieser Züchtungen sind resistent gegen Mehltau, teils auch gegen Blattläuse.

Pflück- und besonders Schnittsalate werden öfter als Mischungen grün- und rotblättriger Sorten angeboten; dies häufig als Saatbänder, die ein Ausdünnen der Sämlinge erübrigen. Speziell für Balkonkästen sind auch Saatplatten erhältlich. Zunehmender Beliebtheit erfreuen sich die »Babyleaf«-Mischungen oder »Salatwiesen«, von denen man

schon nach wenigen Wochen die zarten, aber bereits schmackhaften Blättchen schneidet.

Fernöstliche Genüsse: Asia-Salate

Asia-Salate mit reizvollen japanischen Namen wie Mizuna, Misome oder Komatsuna haben schon seit einiger Zeit die Küchen und die Gärten erobert. Dabei handelt es sich meist um schnellwüchsige Kohl-Verwandte (Brassica-Arten), die sich nicht nur für leckere Salate verwenden lassen, sondern auch als gedünstete Gemüse – besonders passend natürlich in Wok-Gerichten. Die meisten bieten eine milde, kresseähnliche Schärfe, wenn ihre teils geschlitzten, teils ganzrandigen Blätter jung geerntet werden. Pikanter schmeckt der auch als Blattsenf bekannte 'Mustard Red Giant' mit tiefrot überlaufenen Blättern. Nach solchen Spezialitäten muss man allerdings bei Samenversendern suchen. Denn ähnlich wie die Schnittsalate gibt es Asia-Salate meist in Mischungen, oft ebenfalls als Saatbänder oder -platten.

Die Asia-Salate werden ebenso schnell erntereif wie Schnitt- und Pflücksalate. Sie benötigen aber etwas höhere Keimtemperaturen (12–22 °C), sodass man sie frühestens ab Mitte März sät. Wenn Sie vorwiegend frischen Salat genießen möchten, müssen Sie die Sämlinge nur wenig ausdünnen. Für Gemüse, bei dem mehr Blattmasse gefragt ist, empfiehlt sich das Ausdünnen auf 10–20 cm Abstand in der Reihe. Schneiden Sie die Blätter bei 10–20 cm Höhe rund 5 cm über der Basis; so bleibt das Herz erhalten und die Pflanzen können mehrmals beerntet werden.

Mediterrane Abrundung: die Rucola

Die vor allem aus der mediterranen Küche bekannte Rucola oder Rauke und die Asia-Salate haben einiges gemeinsam. Beide gehören zur Familie der Kreuzblütler und enthalten gesunde Senföle, die dem Geschmack würzige Schärfe verleihen. Und beide eignen sich am besten für den Frühlings- oder Spätsommeranbau. Im Hochsommer dagegen werden sie recht schnell unangenehm scharf, manche Asia-Salate neigen auch zum Schießen. Deshalb sät man Rucola und Asia-Salate über Sommer besser im Halbschatten als in der Sonne.

Rucola lässt sich ab Anfang März aussäen und nach rund sechs Wochen erstmals beernten. Jung geschnitten, bieten die fiederteiligen Blätter den beliebten, leicht nussigen, mild würzigen Geschmack. Sie sind lecker in Salaten, eignen sich allerdings nicht zum Dünsten. Als Pizzaauflage oder Würze für Gemüse- und Fleischgerichte werden sie erst ganz zum Schluss zugegeben. Zu unterscheiden sind die einjährige Rucola oder Salatrauke (Eruca sativa) und die mehrjährige, winterharte, etwas schärfere Wilde Rauke (Diplotaxis tenuifolia). Sor-

Im langen Winter würde ich mich über frische Salate von der Fensterbank freuen!

Kugels Rat Leckere Salate in Verbindung mit Kräutern im Blumenkasten auf der Fensterbank anzuziehen – das ist eine echte Freude und übrigens gerade auch für Kinder ein ganz besonderes Erlebnis. Man kann richtige »Themenkästen« erfinden, z. B. den »Salatkasten«, da ist dann alles drin, was man zu einem bunten Salat braucht. Das Ganze funktioniert ab Mitte Februar, wenn die Tage schon wieder deutlich länger werden. Der Kasten sollte mindestens 60 x 15 cm groß sein, je nach Platzangebot auf der Fensterbank.

Ein Untersetzer ist wichtig, damit überschüssiges Wasser keinen Schaden anrichten kann. Damit bereits von Anfang an schon was »Grünes« zu sehen ist, kaufen Sie jeweils 1–2 Petersilie und Schnittlauchpflanzen, die gibt es dann schon zu kaufen. In die Zwischenräume wird Schnittsalat-Mischung gesät, d. h. grüne und rote Sorten gemischt. Damit der Salat noch würziger wird, kommt auch noch an eine Stelle etwas Salatrauke (= Rucola). Bereits nach ca. 4– 5 Wochen können Sie mit der Ernte beginnen. Geerntet wird Stück für Stück, so wie Sie Bedarf haben. Ein Riesenspaß auf der Fensterbank, noch bevor im Freien das Frühjahr richtig beginnt!

ten wie 'Bologna' und 'Juno' sind Kreuzungen aus diesen beiden Arten und werden einjährig kultiviert.

Die Knackigen: Radieschen und Rettiche

Die ideale Ergänzung für Frühjahrssalate bieten knackige, saftige Radieschen. Ihre Samen keimen bereits bei 8°C Bodentemperatur und im zeitigen Frühjahr kann man schon nach rund sechs Wochen die ersten Knollen aus dem Boden ziehen. Gute Sorten für den frühen Anbau sind z. B. 'Saxa 3' (besonders geeignet für Frühsaat unter Glas und Folie), 'Raxe', 'Lucia' (mehltautolerant), 'Poloneza' (rot mit

weißer Spitze) und 'French Breakfast 3' (längliche, rot-weiße Zapfen). Frühe Saaten bis etwa Mitte März haben nebenbei den Vorteil, dass Sie damit der Flugzeit der Radieschenfliege mit ihren schädlichen Maden ausweichen können. Dünnen Sie die Sämlinge nach dem Aufgehen auf 5 cm Abstand in der Reihe aus und ernten Sie stets die dicksten Radieschen zuerst. Würzige Rettiche können Sie ab April genießen, wenn Sie Frühsorten wie 'Hilds roter Neckarruhm', 'Ostergruß rosa 2' oder 'Rex' (weiß) säen. Ausgedünnt wird hier auf 15–35 cm Abstand.

Recht häufig fressen Erdflöhe winzige Löcher in die Blätter von Radieschen, Rettichen, Rucola und Asia-Salaten. Vorbeugend ist es wichtig, auf gleichmäßige Feuchtigkeit zu achten und den Boden durch häufiges Hacken locker zu halten. Nach der Saat aufgelegte Kulturschutzvliese helfen gegen Gemüsefliegen und manch andere Schädlinge.

UNTEN: Vom knackigen Bataviasalat schneidet man meist die ganzen Köpfe ab, kann aber auch nach und nach die äußeren Blätter ernten.

Liebstöckel

Majestätisches Kraut mit gesunder Würzkraft

Früher gehörte der Liebstöckel in jeden Bauerngarten, in modernen Gärten sieht man ihn weitaus seltener. Das liegt nicht zuletzt am raumgreifenden Wuchs dieser bis 2 m hohen Staude. Zudem genügen oft ein paar Blättchen, die sich mit ihrem kräftigen, sellerieähnlichen Aroma nur sparsam verwenden lassen.

Doch wer den Geschmack mag und etwas Platz im Garten hat, kommt in den Genuss eines vielseitig verwendbaren Würz- und Heilkrauts, das bis zum Herbst frische Blätter liefert. Meist genügt schon eine Pflanze, die auch gern mit Halbschatten vorliebnimmt. Mit seinen großen, gefiederten, frischgrünen Blättern und grüngelben Dolden im Hochsommer wirkt der Liebstöckel recht ansprechend im Beethintergrund oder als Vorpflanzung von Gehölzen.

Wohltuender Liebeszauber

Der vermutlich aus Persien stammende Liebstöckel *(Levisticum officinale)* wurde schon in der Antike hoch geschätzt und von den alten Römern nach Europa gebracht. Hier kam es im Lauf der Zeit zu einigen Missverständnissen: Aus alten lateinischen Namen wie »Livisticum« wurde über Umformungen wie »Lubistecko« schließlich der Liebstöckel oder auch Luststecken – für die Menschen des Mittelalters ein klarer Hinweis auf die aphrodisiakische Wirkung dieser Pflanze. So fand der Liebstöckel Verwendung in allerlei kuriosen Liebesgetränken und -bräuchen.

Die heilkundige Äbtissin Hildegard von Bingen empfahl den »Lubestuckel« aber auch schon gegen Husten, Schwellungen am Hals und Wassersucht. In der neueren Volksheilkunde wird Liebstöckel vor allem bei Verdauungsproblemen und Menstruationsbeschwerden genutzt, teils auch bei Atemwegserkrankungen, Migräne und als harntreibendes, durchspülendes Mittel, etwa gegen Nierensteine. Die Wirkung gegen Blasen- und Nierenleiden bestätigt auch die moderne Medizin; hier setzt man vorrangig Präparate aus den Wurzeln ein, in denen die ätherischen Öle besonders hoch konzentriert sind. Vorsicht jedoch während einer Schwangerschaft: Dann ist von Liebstöckel dringend abzuraten.

Die heilsamen ätherischen Öle verleihen den Blättern auch ihre intensive Würze. Dazu kommen reichlich Mineralstoffe, besonders Eisen, die zum Gesundheitswert beitragen. Dass Liebstöckel nach einer industriell hergestellten Würzsoße als »Maggikraut« bezeichnet wird, ist wegen entfernter Geschmacksähnlichkeiten zwar verständlich – aber für Kenner des echten Kräuteraromas ein Gräuel.

grünzeug Spezial:

Pflanz- und Pflegetipps

Am Rand des Gemüsegartens, in der Sonne oder im lichten Schatten von hohen Sträuchern, auf tiefgründigem, gut mit Kompost versorgtem, frischem bis feuchtem Boden: Das ist genau der richtige Platz für den Liebstöckel. Da er durch Wurzelausscheidungen das Wachstum benachbarter Pflanzen hemmen kann, sollte man ihn mit mindestens 120 cm Abstand zum Gemüsebeet oder zu anderen Kräutern setzen. Wird der Boden gut feucht gehalten, gemulcht und in jedem Frühjahr mit Kompost angereichert, wächst der Liebstöckel prächtig. Ein kräftiger Rückschnitt ist jederzeit möglich, auch im Sommer; das fördert einen Neuaustrieb, der wieder junge, zarte Blätter bringt.

Das Kräutersalz in der Suppe

Wie bei allen Kräutern erntet man vom Liebstöckel vorzugsweise junge Blätter. Sie munden von Mai bis Oktober und werden auch während der Blüte kaum in der Würzkraft beeinträchtigt. Will man

RECHTS: Nicht nur in Suppen und Eintöpfen schmackhaft: Erfahrene Köche runden mit Liebstöckel gern auch Kohl- und andere Gemüse ab, ebenso Fischgerichte, beispielsweise Forelle, Zander und Lachs.

Blätter konservieren, friert man sie am besten ein, denn beim Trocknen verlieren sie an Aroma.

Wer mit Liebstöckel noch wenig Erfahrung hat, probiert es zunächst mit geringer »Dosis« – im Übermaß übertönt das Kraut schnell die anderen Geschmäcker. Traditionell nutzt man Liebstöckel gern, als etwas feineren Ersatz für Sellerie, in Suppen und Eintöpfen. Hier wird es, wie bei anderen warmen Gerichten, mitgekocht. Die Blätter passen außerdem zu vielen Fleisch- und Fischgerichten, Eierspeisen, Kartoffeln, Salaten und Quark.

Eine feine Sache ist Kräutersalz mit Liebstöckel. Das Kraut fügt nicht nur seine besondere Note hinzu, sondern hilft auch, den eigentlichen Salzgebrauch zu verringern. Dafür lässt sich auch getrockneter Liebstöckel verwenden, da sein Geschmack nicht allzu intensiv sein muss. Am besten eignet sich grobes Meersalz oder Himalaya-Salz, das man in einem Mörser zerdrückt und mit dem Liebstöckel vermengt. Auf 200 g Salz kommen rund 500 g fein gerebelte, getrocknete Blätter oder 1 kg frisches Kraut. Zum Schluss füllt man das Kräutersalz in kleine, verschließbare Gläschen.

Kräuter im Garten

Aromatisches im Gemüse- und Blumenbeet

Alle Würz- und Teekräuter, die man gern nutzen möchte, in einem separaten Kräuterbeet, und das möglichst nah am Haus: Diese Idee erscheint zunächst bestechend. Aber Kräuter haben recht unterschiedliche Ansprüche, die sich in ein und demselben Beet kaum erfüllen lassen. Petersilie und Schnittlauch beispielsweise mögen humose, nährstoffreiche, frische Böden und nicht allzu pralle Sonne. Mediterrane Kräuter wie Thymian und Oregano andererseits können es gar nicht sonnig genug haben und gedeihen am besten in nährstoffarmen, trockenen, kalkhaltigen Böden. So wächst in gemischten Kräuterbeeten oft ein Teil der Pflanzen enttäuschend und entfaltet auch kein rechtes Aroma.

Sollen viele verschiedene Kräuter am selben Platz gedeihen, ist die Kräuterspirale (Seite 30–33) eine gute und schöne Lösung. Oder Sie machen es, wie es schon in den alten Bauerngärten Brauch war: Sie verteilen die Kräuter zwischen Gemüse, Salaten und Blumen, die jeweils ähnliche Ansprüche haben.

Vom Charme der Bauerngärten

Im ursprünglichen Bauerngarten wurden weitgehend nur Pflanzen angebaut, die einen praktischen Nutzen hatten. Selbst die Zierpflanzen waren meist »zweckgebunden«, lieferten Sträuße, vor allem für kirchliche Feste, oder ließen sich auch als Heilpflanzen verwenden, wie etwa Ringelblume und Schafgarbe. Kräuter spielten von jeher eine große Rolle, waren sie doch unentbehrlich für die Küche und die Hausapotheke. Als man es sich später dann leisten konnte, auch die Schönheit der Gärten zu genießen, wurde die vielseitige Bepflanzung beibehalten und entwickelte sich zu einem sehr reizvollen bunten »Durcheinander« von Gemüse, Kräutern und Blumen.

grünzeug Spezial:

Blüten- und Blattaroma

Manche Ein- und Zweijährige werden unbrauchbar, wenn die Blüten erscheinen, so etwa Kerbel und Petersilie. Von den meisten anderen Kräutern können Sie aber junge Blätter und Triebspitzen während der ganzen Wachstumszeit ernten. Zum Trocknen, Einfrieren oder Einlegen in Öl oder Essig lohnt es sich allerdings, den höchsten Aroma- und Wirkstoffgehalt abzupassen. Das ist meist kurz vor der Blüte der Fall. Die wichtigsten Ausnahmen: Schnittlauch und Rosmarin lassen sich ebenso gut während der Blüte ernten und Oregano, Thymian und Ysop entfalten ihr optimales Aroma sogar erst beim Blühbeginn.

Düfte mit Nebenwirkungen

Werden aromatische Kräuter zwischen anderen Pflanzen verteilt, überraschen sie bei der Arbeit und kleinen Spaziergängen im Garten immer wieder die Nase. So kommen die charakteristischen Düfte viel besser zur Geltung als in einem gemischten Kräuterbeet, in dem sich mehrere Gerüche gegenseitig übertönen.

Zudem haben die intensiven Düfte mancher Kräuter eine Wirkung, die man vermutlich schon in den alten Bauerngärten schätzte: Sie

RECHTS: Die Pfefferminze passt mit ihren Ansprüchen gut ins Gemüsebeet und soll Kohlweißlinge und Möhrenfliegen fernhalten. Sie braucht aber unbedingt eine Wurzelsperre (siehe Seite 42).

können Schädlinge von Gemüse und Blumen fernhalten. Tatsächlich bilden Kräuter ihre markanten Aromastoffe, z. B. ätherische Öle, Senföle und Bitterstoffe, hauptsächlich, um Fraßfeinde abzuwehren. Für uns sind diese Substanzen – in kleinen Dosen – sehr bekömmlich und gesund, doch manchen Insekten verderben sie den Appetit. Dieser Effekt kann auch den Nachbarpflanzen zugutekommen; besonders wenn die Kräuterdüfte die Schädlinge so verwirren, dass sie ihre bevorzugten Gemüse und Blumen nicht mehr gezielt anfliegen können. Paradebeispiele sind Bohnenkraut, das Blattläuse von Bohnen fernhält, und Pfefferminze, die Kohlweißlinge vertreibt. Daneben schützen manche Kräuter ihre Nachbarn auch durch spezielle Wurzelausscheidungen.

Kräuter im Gemüsebeet

Die teils schädlingsabwehrende und förderliche Wirkung von Kräutern macht man sich besonders gern im Gemüsebeet zunutze. Hier bieten sich Mischkulturen wie Bohnen mit dem erwähnten Bohnenkraut geradezu an. Andere gute Kombinationen sind beispielsweise Schnittlauch zwischen Kohl, Möhren und Erdbeeren, Kerbel zwischen Salat und Radieschen, Petersilie zwischen Kartoffeln, Kohl, Radieschen, Rettichen, Zucchini und Kartoffeln sowie Dill zwischen Gurken, Kohl, Möhren, Salat und Zwiebeln. Auch Salbei, der z. B. zu Bohnen, Möh-

ren und Kohl passt, lässt sich gut ins Gemüsebeet eingliedern, weil er mit humosen, nährstoffreichen Böden zurechtkommt; das gilt noch mehr für Basilikum, etwa als Nachbar von Tomaten und Kohlrabi.

Doch ansonsten gedeihen mediterrane Kräuter, vor allem die mehrjährigen wie Thymian, Oregano und Ysop, im nährstoffreichen, feucht gehaltenen Gemüsebeet eher schlecht. Doch dafür gibt es eine praktische und zugleich schöne Lösung: Sie können solche Pflanzen als lebendige Beeteinfassungen setzen. Der schmale Randstreifen wird dann durch Einarbeiten von reichlich Sand und feinem Kies oder Splitt sowie etwas Kalk für die besonderen Bedürfnisse dieser Kräuter vorbereitet. So wirken die sehr aromatischen Arten zugleich als schützende Umrahmung und können im Sommer das Beet mit ihren schmucken Blütchen zieren.

Zur bunten Bauerngarten-Vielfalt gehören im Gemüsebeet auch hübsche Blumen – zumindest Studentenblumen *(Tagetes)* und Ringelblumen, die nebenbei schädliche Nematoden im Boden reduzieren können. Andere hübsche Sommerblumen, die sich gut ins Beet integrieren lassen, sind Kapuzinerkresse, Klatschmohn, Kornblume, niedrige Löwenmäulchen und Schmuckkörbchen (Kosmeen) sowie für den Hintergrund Sonnenblumen, Stockrosen und Dahlien.

Wurzelstopp für Wucherer

Vor spezielle Schwierigkeiten stellen einen die mehrjährigen, ausläuferbildenden Kräuter, nämlich Estragon, Zitronenmelisse und besonders Pfefferminze. Um dem Durchwuchern des Beets vorzubeugen, empfiehlt sich eine Wurzelsperre. Als solche eignet sich ein in den Boden eingesenkter großer Topf oder Baueimer mit herausgetrenntem Boden oder eine rund um den Wurzelballen eingegrabene, kräftige Folie. Die jungen Schösslinge des würzigen Liebstöckel bekommt man schon durch gelegentliches Auslichten in den Griff. Die Pflanze wird allerdings gut 2 m hoch, außerdem geben ihre Wurzeln wachstumshemmende Stoffe ab. Sie wird deshalb besser separat in den Beethintergrund gepflanzt, wo sie auch halbschattig stehen kann.

Wo kaufe ich am besten mediterrane Kräuter in einer breiten Auswahl ein?

Kugels Rat: Wenn Sie Wert darauf legen, eine gute Auswahl vorzufinden, die nicht nur an einem oder zwei Tagen vorhanden ist. Wenn es Super-Sonderangebote gibt, dann sollten Sie ins Gartencenter oder zu einem speziellen Staudengärtner gehen. Dort gibt es dann eben Thymian in 6–8 Sorten oder Salbei in den verrücktesten Geschmacksrichtungen als Pfirsich, Ananas oder Schoko-Salbei. Gerade bei den mehrjährigen Mittelmeerkräutern, also auch noch beim Rosmarin und Oregano ist es ein echtes Qualitätsmerkmal, wenn die Pflanzen beim Kauf gut durchwurzelt sind und dass sie bereits leicht verholzt sind – so wachsen sie am neuen Standort problemlos weiter.

Kräuter im Ziergarten

Die bereits genannten Sommerblumen eignen sich natürlich auch für stimmige Kombinationen mit Kräutern in Zierbeeten und -rabatten. Dazu kommen die klassischen Bauerngartenstauden wie Pfingstrose, Rittersporn, Phlox, Margerite, Lupine, Indianernessel und Sonnenhut. Ebenso gut passen Kräuter zu Kleinsträuchern, etwa Johanniskraut *(Hypericum calycinum)*, Bartblume *(Caryopteris × clandonensis)* und nicht zuletzt Rosen. Ein populärer Rosenbegleiter ist der Lavendel, der teils — aber nicht immer — Blattläuse fernhält. Strenggenom-

men hat er zwar andere Bodenansprüche (trockener und kalkhaltiger) als die Rosen; er ist allerdings recht anpassungsfähig. Das gilt auch für den Salbei, der sich ebenfalls gut als Rosenbegleitpflanze eignet. Die anderen Mittelmeerkräuter wie Thymian und Ysop, die sehr durchlässigen, trockenen Boden an vollsonnigen Plätzen bevorzugen, passen besser in den Steingarten oder in steppenartige Pflanzungen, etwa mit Bartiris, Fetthenne und Storchschnabelarten. Nicht zuletzt gibt es auch Kräuter-Spezialisten für schattige Gehölzbereiche, nämlich Bärlauch und Waldmeister, sowie die Brunnenkresse für den Gartenteich.

Zwischen reich blühenden Zierpflanzen vermitteln Kräuter als ansprechende Blattzierden mit unterschiedlichen Grünnuancen, teils auch blaugrün oder silbrig grau. Dazu kommen oft hübsche, zarte Blüten, meist in Rosa-, Violett- oder Blautönen sowie Weiß. Und der Schnittlauch ist mit seinen hellvioletten, teils auch weißen Blütendolden so attraktiv, dass manche Sorten sogar als Zierlauch eingestuft werden.

LINKS: Die Kapuzinerkresse harmoniert gut mit Kräutern und Gemüse. Ihre Blüten, Knospen und Blätter kann man als würzige Salatzutat nutzen.

RECHTS: Gewürzsalbei lässt sich ebenso wie Lavendel ins Staudenbeet eingliedern. Von ihm gibt es auch attraktive rot- und buntblättrige Sorten.

Obst auf kleinstem Raum

Platzsparende Baumformen für jeden Garten

Knackige Äpfel, köstliche Birnen, saftige Kirschen direkt vom Baum – das ist ein wahrer Genuss und ein Traum vieler Gartenbesitzer. Aber beim Gedanken an einen »klassischen«, hochstämmigen Obstbaum wird man schnell ernüchtert: Der beansprucht und beschattet mit der Zeit mindestens 20 m² Fläche. Außerdem müssen solche Bäume je nach Größe und Bundesland mit 2–4 m Abstand zum Nachbargrundstück gepflanzt werden. Und in kleinen Gärten kommt man selbst mit den kompakteren Busch- und Spindelbuschbäumen, die immer noch 10–12 m² Platz brauchen, schnell an seine Grenzen.

Trotzdem müssen Sie auf Baumobst nicht verzichten: Nutzen Sie einfach die Vertikale und ziehen Sie die Äste als Spalierobst an Fassaden oder Gestellen hoch. Andere interessante, platzsparende Lösungen bieten die Säulen- und Zwergobstbäume, die sich auch sehr gut in großen Töpfen ziehen lassen.

Spalierobst: Bäume am Gerüst

Schon im 17. Jahrhundert kamen in Frankreich findige Gärtner auf die Idee, Obstbäume an einem Spalier, also einem gitterartigen Gestell, zu ziehen. So konnte man die Äste und Zweige durch Anbinden und Schnitt in einer Ebene formieren, also nur nach oben, links oder rechts leiten. Mit der Zeit entstanden markante Formen, so die ein- oder zweiarmigen Cordons (Schnurbäume) und die mehrastigen Palmetten und Fächerspaliere. Noch heute schätzt man solche ansprechenden und zugleich praktischen Erziehungsformen. Denn Spalierbäume beanspruchen wenig Bodenfläche und lassen sich zudem gut an einer sonnigen, warmen Hauswand ziehen. Das ist sehr vorteilhaft für etwas kälteempfindliche Arten wie Birne, Pfirsich, Aprikose, Quitte sowie Weinrebe und Kiwi, eignet sich aber auch für Apfel, Pflaume und Sauerkirsche.

An der Hauswand zieht man Spalierobst an einem stabilen Gerüst aus senkrechten Holzlatten oder quer gespannten Drähten, das mit mindestens 10 cm Abstand zur Fassade befestigt wird. Wo es weniger um den Wärmeschutz geht, sind auch frei stehende, gut im Boden verankerte Spaliere eine schöne Sache, etwa zur Abgrenzung von Gartenteilen oder zum Abschirmen der Terrasse.

grünzeug Spezial:

Manchmal braucht's zwei

Viele Obstbäume setzen nur Früchte an, wenn sie von einer anderen, zur selben Zeit blühenden Sorte bestäubt werden. Das gilt für fast alle Apfel- und Birnensorten, viele Süßkirschen und manche Pflaumen. Wenn in der näheren Umgebung ausreichend Obstbäume stehen, ist das kein Problem. Andernfalls müssen Sie genug Platz für eine geeignete Bestäubersorte, also für einen zweiten Baum, reservieren (am besten in einer Baumschule beraten lassen). Säulen- und Zwergbäume der genannten Arten werden teils als selbstfruchtbar angepriesen, aber auch hier verbessert meist eine zweite Sorte den Fruchtertrag. Eine platzsparende Lösung bieten »Duobäume«: Hier werden zwei sich gegenseitig bestäubende Sorten auf einen Stamm veredelt.

Geeignete Pflanzen, bewährte Spalierformen

Die Erziehung und Pflege von Spalierobst erfordert regelmäßige, zielgerichtete Schnitt- und Bindemaßnahmen, die sich je nach Spalierform und Obstart unterscheiden. Ein gutes Fachbuch zum Thema ist dabei sehr hilfreich. Vorwiegend verwendet man Sorten auf schwach wachsenden Unterlagen, die man als einjährige Veredlungen von Spindelbäumen kauft und pflanzt. Sie wachsen je nach Erziehungsform 2–3,5 m hoch. Lassen Sie sich am besten in einer Baumschule beraten. Dort kann man Ihnen auch Sorten empfehlen und Tipps für den Pflanz- und Erziehungsschnitt geben. Manche Baumschulen und

Pflanzenversender bieten bereits vorgezogene Spalierobstbäume an, meist in U-Form, teils auch als palmettenartige »Schrägspaliere«.

Am einfachsten lassen sich Obstbäume als freie Fächerspaliere ziehen. Das eignet sich für alle Arten, besonders aber für Steinobst wie Pfirsich und Pflaume. Denn in strengeren Spalierformen neigen Steinobstbäume zum Verkahlen, weil man hier das Fruchtholz nicht so stark und häufig schneidet wie beim Kernobst. Beim freien Fächer bindet man zunächst den Mitteltrieb gerade an oder führt ihn etwas schräg nach oben. Die Seitentriebe erster Ordnung, also die späteren Gerüstäste, werden ohne besonderes Muster in mehreren Etagen nach links und rechts geheftet – quasi so, »wie sie kommen«. Dafür wählt man jeweils kräftige Seitentriebe, die 40–50 cm Abstand zu den darunter stehenden haben. Die beiden untersten Seitentriebe können Sie (fast) waagrecht führen, die anderen dann schräg, ungefähr im 45°-Winkel. Am besten schneiden Sie die Seitenäste nach oben zunehmend etwas kürzer, damit die unteren Bereiche genügend Licht bekommen. Später kann diese freie Form immer wieder mit neuen Seitenästen aufgefüllt werden, auch um überalterte Äste zu ersetzen.

RECHTS: Birnbäume gedeihen, blühen und fruchten am sichersten, wenn sie an einer warmen, sonnigen Hauswand gezogen werden. Geeignete Erziehungsformen sind Fächerspalier, U-Form oder schräge Palmette.

Von den anderen, teils recht anspruchsvollen Spalierformen seien hier nur zwei genannt, die sich vor allem für Apfel und Birne bewährt haben, nämlich U-Form und schräge Palmette. Die U-Form baut sich aus zwei Leitästen auf, die ungefähr in selber Höhe am Stamm entspringen und zunächst waagrecht, dann senkrecht nach oben gezogen werden. Nach demselben Prinzip lassen sich auch Doppel-U-Formen mit zwei vergabelten Leitastpaaren ziehen. Die schräge Palmette hat einen Mitteltrieb und mehrere Etagen von Seitenastpaaren, die jeweils ungefähr im 45°-Winkel stehen. Mittel- und Seitenäste werden alle so geschnitten, dass sie in derselben Höhe enden. Ähnlich präsentiert sich das sogenannte Schrägspalier mit zwei Etagen, bei dem allerdings der Mittelast die Seitenäste rund 20 cm überragt.

Tipps zum Spalierobstschnitt

Bei allen Spalierformen müssen die Haupt- und Nebentriebe immer wieder in der gewünschten Wuchsrichtung angeheftet werden, am besten im Frühsommer und mit Bast oder einem elastischen Kunststoffband. Während der Erziehung lässt man die jungen Gerüstäste nicht allzu lang werden; meist empfiehlt sich ein Einkürzen auf 40 cm. Gerade beim Spalierobst hat es sich bewährt, den Erhaltungsschnitt hauptsächlich zwischen Juni und August durchzuführen, weil dies den Wuchs etwas bremst. Was stark aus der angestrebten Form herauswächst, wird regelmäßig entfernt oder eingekürzt, ebenso steil wachsende Oberseitentriebe. Junge, nicht für den Gerüstaufbau benötigte Seiten- und Nebentriebe sowie die Fruchttriebe beim Kernholz kürzt man bei 20 cm Länge auf vier bis sechs Blätter ein. Ältere, lang gewordene Fruchttriebe werden – vorzugsweise im Spätwinter – auf zwei bis drei Knospen zurückgeschnitten.

Die Schlanken: Säulenobstbäume

Sucht man in Katalogen oder im Internet nach Spalierobst, werden oft Säulenbäume angeboten. Tatsächlich ergeben auch solche sehr schmalen Obstbäume ein »Spalier«, wenn man sie in Reih und Glied

Kann ich Zwergobst auch in einen Kübel auf dem Balkon erfolgreich pflanzen?

Kugels Rat: Da kann ich mit bestem Gewissen sagen: Ja, klar! Denn ich selbst habe seit mehreren Jahren einen Säulenapfelbaum in einem Kübel auf der Terrasse. Das klappt problemlos und ich überwintere die Pflanze im Freien! Das ist wichtig, denn die Äpfel brauchen einen Kältereiz um Blüten zu bilden. Deshalb ist die Überwinterung bei 8–10 °C mit den Kübelpflanzen nicht zu empfehlen.
Bei der Kübelkultur von Zwergobst wie Apfel, Birne, Kirsche, sollten Sie ein paar Dinge beachten. Der Kübel muss mindestens 25 Liter Inhalt fassen, er muss ein Wasserablaufloch haben und ideal ist es, unten im Topf eine 6–10 cm dicke Drainageschicht auf Lava oder Blähton einzubauen. Darüber kommt ein Stück Vlies, damit der Boden nicht in die Drainage einsickert. Zum Schluss empfehle ich die Verwendung einer handelsüblichen Kübelpflanzenerde.

Jedes Frühjahr gebe ich ca. 3 g Dauerdünger für Balkonblumen pro Liter Erde – wundern Sie sich nicht! Dem Apfelbaum ist es egal, was auf der Packung steht, Hauptsache es ist das Richtige drin.
Die meisten Fehlschläge gibt es bei der Überwinterung von Zwergobst im Kübel! Aber da habe ich einen ganz einfachen Trick: Ich nehme einen schwarzen Kunststofftopf, der etwas größer als der Kulturtopf ist. Dann unten ein Stück Styropor hinein, den Obstbaum hineingestellt und dann wird der Hohlraum mit Laub, Zeitungspapier oder Verpackungspallets aufgefüllt. Oben drauf kommt eine dicke Kokosmatte, die mit ein paar Kieselsteinen beschwert wird, damit sie nicht weggeweht werden kann. Das Bäumchen stellen Sie, wenn möglich in den Schatten oder schützen es zumindest vor der Morgensonne. So wird verhindert, dass die Wurzeln durch Frost Schaden erleiden und die Triebe Trockenschäden bekommen. Und dann sollten Sie in frostfreien Perioden im Winter nicht vergessen, ihr Obstbäumchen ab und zu etwas zu gießen.

aufpflanzt. Für eine Spaliererziehung sind sie allerdings nicht geeignet. Die meist 2–3 m hoch wachsenden Säulenbäume werden mittlerweile von allen Obstarten angeboten. Sie bilden keine Krone; ihre kurzen Fruchtzweige stehen direkt am Stamm, sodass sie nur rund 50 cm breit werden. Vor allem bei Äpfeln gelang es, Formen wie die bekannten »Ballerinas« zu züchten, die solch eine Wuchsform genetisch verankert haben. Für Säulenbirnen, -kirschen und andere Obstarten werden zwar auch schmalwüchsige Sorten verwendet, doch hier muss man meist durch regelmäßigen Schnitt nachhelfen. Der ist allerdings einfach: Lange Seitentriebe kürzt man im Sommer auf 10–15 cm ein oder schneidet sie direkt am Stamm weg. Nach rund

acht Jahren empfiehlt es sich, die Stammspitze bis zu einem schwächeren, aufrechten Seitentrieb zurückzuschneiden, um den Höhenwuchs zu begrenzen. Säulenobstbäume sind eine recht pflegeleichte und attraktive Lösung für kleine Gärten und lassen sich auch gut in großen Kübeln halten.

Die Kleinen: Zwergobstbäume

Platzsparend und sehr kübeltauglich sind auch die Zwergobstbäumchen, die nur gut 1,5 m hoch werden und ebenfalls von allen Obstarten erhältlich sind. Sie bilden Kronen, präsentieren sich also wie Mini-Buschbäume, und bringen Früchte normaler Größe. Doch manchmal erweisen sich Zwergbäume mit den Jahren als ungewollt wüchsig und lassen sich auch durch häufigen Schnitt nicht mehr in Form bringen. Wenn Sie jedoch Zwergbäume in einer guten Baumschule kaufen, können Sie recht sicher sein, dass es sich tatsächlich um schwachwüchsige Züchtungen handelt, die nur wenig Schnitt brauchen.

LINKS: Säulenäpfel brauchen je nach Wuchsstärke der Unterlage und Sorte nur 50–80 cm Pflanzabstand und müssen kaum geschnitten werden.

RECHTS: Die schönen Pfirsichblüten sind empfindlich gegen Spätfröste. Doch für einen Zwergbaum findet sich leicht ein etwas geschützter Platz.

Gestalten mit Kübelpflanzen

Mediterranes Flair auf Balkon & Terrasse

Exotische Kübelpflanzen holen im »Topfumdrehen« den letzten Urlaub mit nach Hause auf die heimische Terrasse. Oleander, Zitrusbäumchen, Bougainvillee und Palmen sind zwar nicht winterhart, fühlen sich aber in Töpfen und Kübeln ausgesprochen wohl und können von April/Mai bis Oktober/November draußen stehen. Unseren kalten Winter verbringen Sie dann im Haus, ein Wintergarten, das Treppenhaus oder bei manchen die Garage sind mögliche Überwinterungsquartiere. Durch die Pflege im Kübel sind die Pflanzen mobil und können da platziert werden, wo ihre Ansprüche am besten erfüllt werden und wo sie besonders gut in Szene gesetzt werden, wenn sie zum Beispiel blühen. Ein Kübelpflanzengarten ist immer voller Abwechslung.

Pflege erleichtern

Ein großer Vorteil bei der Pflege von Pflanzen in Töpfen und Kübeln ist der Umstand, dass Sie von dem vorhandenen Boden unabhängig sind, denn die Pflanzen wachsen ja in einem speziellen Pflanzsubstrat. So bevorzugen Palmen eine Erde mit Ton- und Lavagrus, Zitrusgewächse ein durchlässiges, leicht saures Substrat, genau wie Azaleen. Da unterschiedliche Substrate unterschiedlich viel Wasser, Feuchtigkeit und Nährstoffe speichern können, sollten Sie, zumindest bei Pflanzen mit ähnlichen Ansprüchen oder aus derselben Gruppe versuchen, in allen Töpfen dasselbe Substrat zu verwenden. Das erleichtert das Gießen ungemein, denn alle Pflanzen brauchen mehr oder weniger zum selben Zeitpunkt Wasser und Sie müssen vor dem Wässern nicht so genau kontrollieren, ob schon gegossen oder gedüngt werden muss.

grünzeug Spezial:

Abwechslung und Ruhe

Besonders schön wirkt es, wenn auf der Terrasse nicht nur die Pflanzen zueinander passen, sondern auch die Töpfe und Pflanzgefäße. Ein gemeinsames, verbindendes Gestaltungselement kann die Farbe sein oder das Material – also z. B. alle Töpfe aus Ton und Terrakotta, alle aus Holz oder Metall. Damit keine Langeweile aufkommt, können Sie die Formen variieren, also die Pflanzen in runde, rechteckige, längliche oder würfelförmige Gefäße stellen. Weniger schön wirkt es, wenn Sie eine bunte Mischung aus unterschiedlichen Formen, Größen und Materialien haben.

Aber nicht nur das Substrat, auch das Material der Pflanzgefäße beeinflusst den Pflegeaufwand. Mit am schönsten sind Tongefäße, durch deren poröse Wände jedoch immer auch etwas Feuchtigkeit verdunstet. Dadurch bleiben die Wurzeln kühl, was besonders Azaleen schätzen, es muss aber auch etwas häufiger gegossen werden. Kunststofftöpfe halten die Feuchtigkeit im Substrat länger, bei Holz kommt es darauf an, ob es mit einer Lasur oder durch Holzöl versiegelt wurde oder nicht. Wenn Sie also ein buntes Topf-Sammelsurium haben, müssen Sie beim Gießen genauer hinschauen, wer schon Wasser braucht und wer noch einen oder zwei Tage ohne Nachschub auskommt.

Kübelpflanzen für sonnige Plätze

Eine nach Süden, Südwesten oder Südosten ausgerichtete Terrasse bietet optimale Verhältnisse für mediterrane und exotische Gewächse.

RECHTS: Bougainvilleen blühen ab Juli ununterbrochen bis Oktober/November. Die »Blüten« sind in Wirklichkeit Hochblätter, die die eigentlichen, kleinen, gelblich weißen Blütchen überragen. Die Farbe der Hochblätter variiert von Weiß über Creme und Orange bis Rosa und Pink.

Palmen wie Zwergpalme (Chamaerops humils), Kanarische Dattelpalme (Phoenix canariensis), Hanfpalme (Trachycarpus fortunei) und Washingtonie (Washingtonia filifera) wachsen relativ langsam und sorgen für einen schönen Rahmen. Füllen Sie diesen mit blühenden Kübelpflanzen, von denen es eine Riesenauswahl gibt.

Oleander (Nerium oleander) mit weißen, rosa, dunkelroten oder cremegelben Blüten verträgt Hitze, hat aber gerne immer etwas Wasser im Untersetzer stehen. Blaue Farbtupfer setzen Bleiwurz (Plumbago auriculata) und der unermüdlich blühende Enzianstrauch (Solanum rantonnetti). Ebenfalls recht anspruchslos sind die verschiedenen Schönmalven-Arten (Abutilon), die nicht nur durch ihre weißen, gelben, rosa und roten Blüten, sondern auch mit gelb-grün gescheckten (panaschierten) Blättern aufwarten. An Rankspalieren klettern Bougainvilleen, deren bunte Blüten ab Juli erscheinen. Sie sollten nicht zu feucht gehalten werden, und auch mit Stickstoffdünger muss man sparsamer sein, sonst bilden sie zwar viele lange Triebe und dunkelgrüne Blätter, aber kaum Blüten aus. Hungrig und durstig nach Wasser und Dünger sind dagegen Engelstrompeten mit ihren riesigen Blättern und hängenden Blüten, die vor allem in den Abend- und Nachtstunden verführerisch duften.

Schattenplätze

Nicht nur für sonnige Süd- oder Westterrassen gibt es eine große Auswahl an passenden Kübelpflanzen, auch weniger helle Ecken oder halbschattige Plätze können Sie mit Gewächsen im Topf aufwerten. Mit Schatten oder Halbschatten kommen viele staudige Kübelpflanzen wie Begonien, Fleißiges Lieschen (Impatiens), Neuguinea-Lieschen und natürlich die Gattung der Fuchsien mit ihrer enormen Vielfalt an Wuchs- und Blütenformen. Besonders mit hellen Blüten in Weiß und Rosa holen Sie Licht in dunkle Ecken. Auch viele Gartenstauden wie Funkien (Hosta), verschiedene Farne und Anemonen lassen sich in Töpfen ziehen. Unter den Sträuchern sind Aukuben (Aucuba) für einen absonnigen, also nicht voll besonnten Standort dankbar, da ihre Blätter in der prallen Sonne schnell verblassen.

Ein weiterer Klassiker, der auch mit tiefem Schatten zurechtkommt, ist der Buchsbaum. Leider fällt er in den letzten Jahren im Garten mehr und mehr dem Buchsbaumzünsler, einem Kleinschmetterling mit gefräßigen Larven zum Opfer. Wer trotzdem nicht auf ihn

verzichten möchte, kann diesen Schädling im Topf besser unter Kontrolle behalten. Alternativ bietet sich Efeu an, der an einem Rankgerüst in jeder beliebigen Form gezogen werden kann.

Zwiebelgewächse

Viele exotische Zwiebelblumen wie Schmucklilie (Agapanthus), Guernseylilie (Nerine) und Hakenlilie (Crinum) vertragen zwar auch ein paar Frostgrade, reagieren aber auf winterliche Nässe schnell mit Fäulnis an den Zwiebeln und Knollen. Sie fühlen sich im Topf richtig

UNTEN: Die Schmucklilie stammt ursprünglich aus Südafrika. Es gibt dunkelblau, hellblau und reinweiß blühende Sorten sowie immergrüne und laubabwerfende Arten

RECHTS: Mit Zitrusbäumchen holen Sie sich den Urlaub auf die heimische Terrasse. Fast alle Arten blühen auch hierzulande und setzen Früchte an.

Wir haben eine neue Wohnung mit großer Terrasse bezogen und wollen ganz neu beginnen, uns Kübelpflanzen anzuschaffen. Womit sollten wir beginnen?

Kugels Rat: Ich rate dazu beim Einstieg in den »Kübelgarten« auf der Terrasse robuste Pflanzen zu wählen und Pflanzen, die ungefähr dieselben Ansprüche bei der Überwinterung haben. Die »Klassischen-Vier« sind aus meiner Sicht: Zitrus, Olive, Granatapfel und Zwergpalme. Alle vier zaubern echtes Urlaubsflair vom Mittelmeer auf die heimische Terrasse, und alle vier können bei 8–12 °C in einem ungeheizten Zimmer überwintert werden. Dabei sollte die Zitrus und die Olive am hellen Platz, also in der ersten Reihe stehen. Granatapfel und Zwergpalme vertragen es wesentlich dunkler und stehen dann dahinter.

wohl, es ist sogar so, dass manche wie die Schmucklilie erst dann zur Höchstform aufläuft, wenn es im Topf richtig eng wird und die Triebe über den Rand wachsen. Ein weiterer Vorteil der Kultur in Töpfen bei Zwiebelblumen ist der, dass diese nach dem Abblühen von der Terrasse weggeräumt werden können, da das Laub nicht immer das attraktivste ist. Auch die Überwinterung ist denkbar einfach, da die meisten das Laub einziehen, können sie kühl und dunkel im Keller oder der Garage die kalte Jahreszeit bis zum nächsten Frühjahr überdauern und brauchen wenig oder gar nicht gegossen zu werden.

Zitruspflanzen

Zitrusbäumchen gibt es in einer großen Vielfalt und zahlreiche Arten sind relativ schwach-wüchsig, sodass sie ideal im Kübel wachsen können. Besonders schön sind Limone oder Limette *(Citrus aurantiifolia)*, Mandarine *(Citrus reticulata)* und Kumquat *(Fortunella japonica)*. Auch die kleinbättrige myrtenblättrige Sauerzitrone *(Citrus myrtifolia)* wächst sehr gut in großen Kübeln. Wichtig bei allen

Zitrusbäumchen ist ein spezielles durchlässiges und leicht saures Substrat. Bei normaler Blumenerde mit neutralem pH-Wert können diese Pflanzen wichtige Nährstoffe wie Eisen nicht aufnehmen und bekommen gelbliche Blätter.

Auch beim Gießwasser gilt es, darauf zu achten, dass es nicht zu kalkhartig ist. Wenn Ihr Leitungswasser sehr hart ist (Härtegrad 3 oder höher) ist Regenwasser oder entkalktes Wasser besser. Zitruspflanzen reagieren empfindlich auf einen starken Wechsel zwischen Nässe und Trockenheit, deshalb regelmäßig gießen und gleichmäßig feucht halten. Bei guter Pflege bilden sich zahlreiche weiße, stark duftende Blüten und viele Früchte, die lange am Strauch bleiben können.

Die Überwinterung ist denkbar einfach. Es stimmt übrigens nicht, dass Zitrusbäumchen im Haus kühl stehen müssen und keine Zimmertemperaturen vertragen. Sie können problemlos »warm« in der Wohnung überwintern, wenn sie hell genug stehen. Ist es ihnen zu dunkel oder die Luft zu trocken, werfen sie einen Teil der Blätter ab. Ein Rückschnitt im zeitigen Frühjahr vor dem Ausräumen bringt sie wieder in Form und regt einen buschigen, kompakten Wuchs an.

Kübelpflanzen vermehren

Oleander, Trompetenblumen und Co. selbst ziehen

Viele Kübelpflanzen lassen sich durch Stecklinge vermehren oder verjüngen. Als Stecklinge werden unterschiedliche Teile der Pflanze verwendet, die man als Kopf-, Trieb- oder Stammstecklinge bezeichnet.

Das brauchen Sie

Um Pflanzen durch Stecklinge zu vermehren, brauchen Sie nicht viel. Die Stecklinge werden zur Bewurzelung in kleine Töpfe oder

Schalen gesteckt. Diese sollten nicht zu groß sein, maximal 10 bis 12 cm Durchmesser reichen aus. In größeren Töpfen bleibt die Erde nach dem Gießen relativ lange nass, was zu Fäulnis führen kann, besonders bei Jungpflanzen.

Als Pflanzerde oder Substrat kann entweder »scharfer« Sand, z. B. Quarzsand, verwendet werden oder spezielle Anzucht-, Aussaat- oder Vermehrungserde. Normale Blumenerde ist nicht geeignet, da sie zu viele Nährstoffe (Dünger) enthält. Diese »verbrennen« die kleinen zarten Würzelchen, die sich an der Basis des Stecklings bilden. Ebenso gut geeignet sind Quelltöpfe, die als Presslinge verkauft werden. Sie quellen, in Wasser gelegt, in wenigen Minuten auf und können dann »besteckt« werden. Achten Sie beim Kauf auf Quelltöpfe aus Kokosfasern, diese sind ressourcenschonender als Torfquelltöpfe.

grünzeug Spezial:

Bewurzelungshormone

Als Bewurzelungshormone oder -pulver werden synthetisch hergestellte Pflanzenhormone, sogenannte Auxine, bezeichnet. Man kann den angefeuchteten Steckling in dieses Pulver stecken, bevor er in die Erde gesteckt wird. Durch die Hormone wird die Bildung von Wundverschlussgewebe an der Schnittstelle und von neuen Wurzeln gefördert. Aber Vorsicht: Wird das Pulver zu hoch dosiert, tritt ein gegenteiliger Effekt ein: Die sich neu bildenden Wurzeln sterben ab und damit der ganze Steckling.

Am komfortabelsten gelingt die Vermehrung in einem kleinen Zimmer- oder Mini-Gewächshaus für die Fensterbank. Dieses besteht aus einer tiefen Schale, in die die Töpfe mit den Stecklingen gestellt werden und einer durchsichtigen Plastikhaube mit Lüftungsklappe oder -schlitzen. Bei Hauben ohne Lüftungsmöglichkeiten können Sie auch Streichhölzer oder Bleistifte zwischen Haube und Schale legen, damit frische Luft nach innen gelangt. Es gibt sogar Modelle mit eingebauter Heizung, die für die nötige Bodenwärme sorgt. Meist reicht es jedoch, das Gewächshaus auf eine Fensterbank über einer Heizung aufzustellen. In diesem Mini-Gewächshaus bildet sich das ideale Kleinklima, das die Bewurzelung fördert: Temperaturen zwischen 25 und 30° C und eine hohe Luftfeuchtigkeit. Bis der Steckling eigene Wurzeln gebildet hat, muss die Verdunstung der Blätter minimiert werden, und das gelingt nur, wenn die Luftfeuchtigkeit hoch ist.

RECHTS: Tauchen Sie das untere Ende des Stecklings kurz in Bewurzelungshormonpulver. Dieses fördert die Bildung neuer Wurzeln an der Schnittstelle und entlang des Triebs, und der Steckling wächst schneller an.

Kopfstecklinge

Kopfstecklinge sind Triebspitzen, die noch weich und nicht ganz verholzt sind.

Um einen Steckling zu erhalten, schneidet man einen Trieb mit zwei bis vier vollentwickelten Blättern etwa 1 cm unterhalb des unteren Blattes oder Blattpaares ab. An den Knospen in den Blattachseln (dem Ansatz des Blattes am Trieb) erscheinen später die Wurzeln. Sehr weiche Triebspitzen sollten Sie mit den Fingerspitzen auskneifen (pinzieren). Sie welken ohnehin schnell und kosten den Steckling unnötig Kraft.

Anschließend stecken Sie den Steckling in feuchten Sand oder Anzuchterde und decken ihn mit durchsichtiger Kunststofffolie ab. Ganz professionell geht es mit einem Mini-Gewächshaus für die Fensterbank. Die Stecklinge sollten so hell wie möglich und warm

OBEN LINKS: Schneiden sie mit einem scharfen, sauberen Messer einen frischen Trieb, der keine Blütenknospen hat, ab. **OBEN RECHTS** Die unteren Blätter werden entfernt, damit sie nach dem Stecken in der Erde nicht faulen. **UNTEN LINKS:** Nachdem das untere Ende in Bewurzelungshormonpulver getaucht wurde, wird der Steckling in einen kleinen Topf in durchlässige Aussaat- oder Vermehrungserde gesteckt. **UNTEN RECHTS:** Unter einer Abdeckung aus Glas oder durchsichtigem Kunststoff bleibt die Luftfeuchtigkeit hoch, was die Verdunstung der Stecklinge reduziert und die Bewurzelung beschleunigt.

aufgestellt werden. Direkte Sonne ist aber schädlich, denn unter der Haube wird es schnell zu warm und feucht – ideal für Pilze und Schimmel, aber nicht für die Stecklinge. Gelegentliches Lüften beugt Fäulnis und Pilzkrankheiten vor. Sobald sich an den Stecklingen in den Blattachseln an der Spitze neue Triebe zeigen, wird die Haube tagsüber stundenweise entfernt, bis die Pflanzen ganz ohne sie auskommen.

Manche Arten wie der Oleander bilden auch Wurzeln, wenn man die Stecklinge einfach in ein Glas mit Wasser stellt. Wenn die Wurzeln etwa 5–10 cm lang sind, können sie eingetopft werden.

Ich würde gerne mal aus dem Urlaub von der Insel Madeira Stecklinge mitbringen – geht dass?

Kugels Rat: Mit dieser Frage haben Sie mich direkt »erwischt«! Ich habe Zuhause schon viele Mitbringsel aus dem Flugurlaub. Ganz wichtig: Ich entnehme nichts aus der freien Natur und frage immer um Erlaubnis. Das ist ganz einfach, denn die Hotels haben in der Regel riesige und üppige Gartenanlagen. Da fragt man einfach höflich die Gärtner um Erlaubnis. Oleander in tollen Sorten, Bougainvillea, Oliven und viele andere Pflanzen lassen sich ja aus Stecklingen problemlos vermehren. Zum Transport nehmen Sie eine leere Wasserflasche. Die Stecklinge stecken Sie durch den Flaschenhals. Etwas Wasser hinein und dann kurz vor dem Schließen des Koffers fest zuschrauben. Zuhause wird die Flasche dann schnellstens mit einem Messer aufgeschnitten und die Stecklinge werden wie beschrieben kultiviert.

Geeignete Arten

- Schönmalve (*Abutilon*-Hybriden)
- Aukube (*Aucuba japonica*)
- Bougainvillee (*Bougainvillea*-Hybriden)
- Engelstrompete (*Datura*-Hybriden)
- Zylinderputzer (*Callistemon citrinus*)
- Hammerstrauch (*Cestrum*-Arten)
- Zitrusbäumchen (*Citrus*-Arten und -Hybriden)
- Feige (*Ficus carica*)
- Roseneibisch (*Hibiscus rosa-chinensis*)
- Wandelröschen (*Lantana-camara*-Hybriden)
- Enzianstrauch (*Lycianthes rantonetii*)
- Oleander (*Nerium oleander*)
- Passionsblume (*Passiflora*-Arten)
- Bleiwurz (*Plumbago auriculata*)
- Kartoffelwein (*Solanum jasminoides*)
- Prinzessinnenblume (*Tibouchina urvilleana*)
- Sternjasmin (*Trachelospermum jasminoides*)

Triebstecklinge

Als Triebstecklinge bezeichnet man Stecklinge, die aus dem mittleren und unteren Bereich eines Triebs geschnitten werden. Jeder Steckling sollte etwa drei bis vier Blätter haben und wird genauso behandelt wie ein Kopfsteckling. Mit Triebstecklingen können Sie in kurzer Zeit eine ganze Menge neuer Jungpflanzen heranziehen, vor allem von Kletterpflanzen wie Efeu, Passionsblumen oder dem Kartoffelwein. Aus einem langen Trieb können problemlos ein halbes Dutzend Stecklinge geschnitten werden.

Stammstecklinge und Steckhölzer

Stammstecklinge sind kahle, unbeblätterte Zweige oder Stammstücke, z.B. von Engelstrompeten. Sie sollten ungefähr 15–20 cm lang sein und werden mit dem unteren Ende etwa 5–10 cm tief in Sand oder Erde gesteckt, mit durchsichtiger Folie abgedeckt und hell und warm aufgestellt. Wärme von unten fördert die Bewurzelung und schon nach drei bis vier Wochen erscheinen die ersten neuen Triebe und Wurzeln.

Kugels
Kummerkasten im Frühling

Stimmt es, dass man dort, wo jahrelang Rosen gewachsen sind, nicht direkt wieder Rosen neu pflanzen soll?

Die Blätter meiner Rhododendron und Kirschlorbeer sind seltsam vom Rand her zerfressen. Der Befall wird von Jahr zu Jahr schlimmer. Welches Tier ist dafür verantwortlich und was kann ich dagegen tun?

Kugels Rat: Ja, das stimmt! **Rosen** scheiden beim Wachsen Stoffe aus, die andere nachgepflanzte Rosen **im Wuchs hemmen.** Das ist ein Erfahrungswert aus dem gärtnerischen Anbau, der wissenschaftlich belegt ist – einen exakten Beweis gibt es hingegen noch immer nicht.

Kugels Rat: Diese vom Rand her unregelmäßig zerfressenen Blätter sind das Werk des »Gefurchten **Dickmaulrüsslers«,** einem etwa 0,8 cm großen, dunkelbraunen Käfer. Der Käfer selbst lässt sich schwer bekämpfen. Der häufig genannte Tipp, bei Nacht die Käfer mit Einsatz einer Taschenlampe abzusammeln, lässt mich schmunzeln! Viel besser ist es, die gefährlichen Larven des Käfers, die im Boden leben und die Feinwurzeln der Pflanzen abfressen, zu bekämpfen. Im Gartencenter gibt es dazu »Nematoden« als eine Art Pulver zu kaufen, das sind mikroskopisch kleine Fadenwürmer, die die Larven befallen und abtöten. Diese biologischen Feinde der Käferlarven werden Ende April und Anfang September in Wasser aufgelöst gegossen. So lässt sich der Befall ganz ohne Gifteinsatz in den Griff bekommen.

Ich habe vor 5 Jahren ein Zwergmandelbäumchen gekauft. Seit 2 Jahren blüht noch eine Hälfte in Rosa und gleichzeitig kommen sehr stark wachsende Triebe, die plötzlich weiß statt rosa blühen.

Kugels Rat: **Zwergmandelbäumchen** sind in der Regel auf wilde Zwetschgen veredelt. **Die Veredelungsstelle** muss beim Pflanzen 10 cm über den Boden sein, sonst bilden sich sogenannte **Wildtriebe** aus der Veredelungsunterlage aus. Diese Veredelungsunterlage ist sehr starkwüchsig und verdrängt das Ziermandelbäumchen innerhalb von 4–5 Jahren. Wichtig ist deshalb, alle diese stark wachsenden Wildtriebe ganz nah am Stamm mit einer scharfen Gartenschere zu entfernen.

Meine Rhododendron haben immer sehr viele braune, abgestorbene Blütenknospen und die Blütenpracht wird in den letzten Jahren immer weniger.

Mein Rasen ist jedes Jahr nach dem Düngen im Mai so sattgrün und Ende Juni wird er hellgrün, obwohl ich regelmäßig wässere?

Kugels Rat: Verantwortlich für das Absterben der Blütenknospen über den Sommer hinweg ist meist der Befall der Rhododendren mit der **Rhododendronzikade.** Dieses etwa 0,5 cm große, längliche Tier bohrt ab Ende Juni unterhalb der jungen Blütenknospen ein Loch in den Stängel und legt Eier hinein. Die Larven fressen sich in den Stängel und die Knospe stirbt ab! Diese Zikaden, die sehr aktiv über 1–2 m weit hüpfen können, müssen Sie aktiv ab Ende Juni bekämpfen, damit das Problem deutlich begrenzt werden kann.
Sehr umweltverträglich kann zur Bekämpfung der Rhododendronzikade das natürliche Gift aus dem Neem-Baum verwendet werden. 2–3 Anwendungen sind nötig, damit möglichst viele der hüpfenden Tiere erfasst und abgetötet werden.

Kugels Rat: Oftmals werden für das Rasendüngen »normale« Gartendünger verwendet, die eine Wirkungsdauer von 6–8 Wochen haben, d. h. die Düngerwirkung setzt schnell ein, lässt aber auch schnell wieder nach. Wer solche Gartendünger verwendet, muss insgesamt dreimal pro Saison düngen! Viel besser ist es, einen speziellen **Rasendünger mit Langzeitwirkung** zu nehmen – dieser hatmehr Stickstoff, der für das Rasengrün verantwortlich ist, und er wirkt über 3–4 Monate. Durch diese Langzeitwirkung lohnt sich auch der – auf den ersten Blick – hohe Preis, nach dem Motto: nur einmal statt dreimal düngen!

Mit dem richtigen Werkzeug geht's leichter

Bunte Blütenfülle sorgt rundum für gute Laune

Wasser marsch! Damit alles gut wächst und blüht

Gut geschützt gelingen alle wichtigen Handgriffe

Blütenpracht, Wohlgerüche und leckere Ernten:

Pflegetexte verlangen etwas Aufmerksamkeit

Sommer

Gönnen Sie sich genug Zeit zum Genießen

Rosen – königliche Pracht

Gesunde Pflanzen, reicher Blütenflor

Schon der Frühling verwöhnt uns mit vielfältigem, prächtigem Flor. Doch wenn im Juni die ersten Rosen ihre Knospen öffnen, bleibt kein Zweifel, wer die »Königin der Blumen« ist. Edle, dicht gefüllte oder charmante, einfache Blüten, in einer Fülle von Farbnuancen, von Weiß über Rosa, Lila und Rot bis Orange und Gelb, teils mit herrlichem Duft: Rosen lassen kaum Wünsche offen und zählen mit Recht zu den beliebtesten Gartenpflanzen.

Beliebt sind sie aber leider auch bei Schadpilzen wie Mehltau, Sternrußtau und Rost sowie Blattläusen und anderen Schädlingen. Deshalb beschäftigt viele Gartenbesitzer die Frage: Was kann ich tun, damit meine Rosen auf Dauer gesund bleiben? Wie so oft, ist auch bei Rosen Vorbeugen die beste Medizin: Mit der Auswahl passender,

robuster Sorten sowie mit einer sorgfältigen Standortwahl schaffen Sie optimale Voraussetzungen für ungetrübte Rosenfreude.

Sortenwahl – am besten mit Muße

Bei den Hunderten von Rosenzüchtungen, die heute angeboten werden, ist das Finden der richtigen Sorte nicht gerade einfach. Doch gründliches Suchen und Informieren lohnt sich, denn gut gewählte Rosen können einen über Jahrzehnte erfreuen. Zunächst gilt es, den geeigneten Wuchstyp auszuwählen, also z. B. kompakte Beetrosen oder stattliche Strauchrosen. Dann spielt natürlich die Blütenfarbe eine entscheidende Rolle, außerdem die Blütengröße und -form (gefüllt, halb gefüllt oder einfach) sowi e der Duft, der bei manchen Sorten fehlt, bei anderen geradezu überwältigt. Nachdem Sie Ihre Vorlieben entsprechend eingegrenzt haben, empfiehlt sich ein weiterer, wichtiger Schritt: Suchen Sie nach passenden Sorten, die mit dem ADR-Siegel ausgezeichnet sind. Denn diese haben sich nach strenger Prüfung als besonders reichblütig, gesund und winterhart erwiesen (siehe auch »grünzeug Spezial«).

grünzeug Spezial:

ADR: geprüfte Rosenqualität

Das Gütezeichen »ADR« steht für „Allgemeine Deutsche Rosenneuheitenprüfung". Rosensorten, die dieses Prädikat tragen, haben sich in einem gründlichen Anbautest besonders bewährt. Dazu werden die Rosen in elf über ganz Deutschland verteilten Sichtungsgärten ohne Pflanzenschutzmittel kultiviert und über drei Jahre bewertet. Wichtige Kriterien sind die Widerstandskraft gegen Blattkrankheiten, Winterhärte, Reichblütigkeit, Blütenwirkung und Wuchsform.

Welcher »Rosentyp« passt am besten?

Balkon-, Romantik-, Nostalgierosen: Die Anbieter sind mit ihren Bezeichnungen teils sehr kreativ. Leider erschwert das manchmal auch den Überblick. Bessere Orientierung bietet die »klassische« Unterteilung der Rosengruppen nach Wuchsform und Verwendung:

Edelrosen wachsen 60–100 cm hoch, oft steif aufrecht, und bringen edel geformte, gefüllte Blüten hervor, die meist einzeln an langen Stielen sitzen. Sie werden solitär oder in kleinen Gruppen gepflanzt. Die robusteren, buschigen **Beetrosen** erreichen 40–100 cm Höhe. Sie tragen dichte Büschel aus großen oder kleinen, gefüllten, halb gefüllten oder einfachen Blüten. Am besten wirken sie in Dreier- oder Fünfergruppen derselben Sorte. Die nur 30–40 cm hohen **Zwerg-**

RECHTS: Fast alle Rosen lassen sich auch im Kübel halten. Die Gefäße sollten mindestens 50 cm hoch sein, damit die tief wachsenden Wurzeln genug Platz finden, für Strauch- und Kletterrosen besser 70 cm.

rosen sind eine Sondergruppe der Beetrosen; dazu gehören auch kleine Balkon- und Topfrosen für die Gefäßbepflanzung. Bodendeckerrosen, auch Flächenrosen genannt, sind sehr widerstandsfähige, dicht verzweigte, reichblühende Sorten für kleine und größere Gruppenpflanzungen. Manche wachsen niederliegend, andere wie die **Kleinstrauchrosen** werden etwa meterhoch, oft mit überhängenden Trieben. Edel-, Beet-, Zwerg- und Bodendeckerrosen sind in aller Regel öfterblühend, entfalten ihren Flor also fast pausenlos von Juni bis zum Herbst.

Strauchrosen wachsen 1–3 m hoch und breit buschig. Sie werden einzeln oder in Strauchgruppen und Hecken gepflanzt. Die meisten modernen Sorten sind öfterblühend. **Alte oder Historische Rosen** sind Strauchrosen mit nostalgischem Charme, die bereits im 19. Jahrhundert kultiviert wurden, wie etwa die Bourbon-, Gallica-Rosen und Zentifolien. Sie blühen überwiegend nur im Juni, sogenannte Remontantrosen bringen noch einen zweiten Flor. Dafür sind die Blüten besonders eindrucksvoll, mit noblen, üppig gefüllten Formen und

intensivem Duft. Als **Englische Rosen** oder **Romantikrosen** werden Neuzüchtungen mit dem Flair der Historischen Rosen angeboten, teils mit längerer Blütezeit. Robuste **Wildrosen** wie die Kartoffelrose *(Rosa rugosa)* beanspruchen reichlich Platz und eignen sich besonders für freiwachsende Hecken. Sie entfalten teils schon im Mai schalenförmige, oft duftende Blüten und schmücken sich später mit zahlreichen roten oder schwarzen Hagebutten.

Kletterrosen schieben ihre 2–5 m langen Triebe an stabilen Rankhilfen oder Pergolen nach oben. Von ihnen gibt es öfter- und einmalblühende Sorten. Meist einmalblühend sind die **Rambler** mit bis 8 m langen, weichen, biegsamen Trieben. Sie sehen wunderschön aus, wenn sie z. B. an einem hohen, alten Baum hochklimmen. Bei den **Stammrosen** sind die gewünschten Sorten – meist Beet-, Edel- oder Zwergrosen – auf 60–90 cm hohe Stämmchen veredelt. Etwas höhere Stämme haben die Trauer- oder Kaskadenrosen: Auf ihnen thronen Kletter- oder langtriebige Bodendeckerrosen mit reizvoll herabwallenden Trieben.

Rosen am richtigen Platz

Rosen sollten mindestens fünf Stunden Sonne am Tag erhalten. Etwas heikel sind jedoch Plätze direkt vor gut besonnten, hellen Mauern, die die Strahlung reflektieren: Hier kann es im Sommer zu ungesundem Hitzestau kommen und die Lufttrockenheit fördert das Auftreten von Spinnmilben, Blattläusen und anderen Schädlingen. Ein recht luftiger Platz dagegen kann das Befallsrisiko mindern und beugt vor allem auch Pilzkrankheiten vor, weil die Blätter nach einem Regen schnell abtrocknen

Pflanzen Sie neue Rosen möglichst nicht an eine Stelle, an der zuvor bereits Rosen standen: Denn verschiedene Faktoren wie Nematoden (Wurzelälchen) und Wurzelausscheidungen machen den Boden auf Dauer »rosenmüde«: Oft wachsen dann die neuen Pflanzen sehr kümmerlich. Gibt es keinen Ausweichstandort, sollte der Boden mindestens 50 cm tief ausgehoben und durch Erde aus einem anderen Teil des Gartens ausgetauscht werden.

Wann schneide ich meine Rosen zurück?

Kugels Rat: Ich schneide meine Rosen nie schon im Spätherbst, also noch vor Weihnachten, oder schon im späten Winter zurück, sondern wirklich erst im Frühjahr. Erst dann sehe ich, welche Triebe erfroren sind. Außerdem kann man dann die Gesamtform des Strauches besser einschätzen und durch den Schnitt wieder entsprechend in Form bringen. Auch einseitig gewachsene Rosen kann man durch den Schnitt dann wieder ausgleichen: Dort, wo die »schwache« Seite liegt, schneide ich stärker zurück, um dort den Austrieb stärker anzuregen. Nach 1 bis 2 Jahren zeigt sich das Ergebnis.

Rosen sind Tiefwurzler und mögen einen tiefgründigen, gut durchlässigen, lehmig humosen Boden. Lockern Sie deshalb den Pflanzplatz und die Sohle der Pflanzgrube sehr gründlich und arbeiten Sie in schweren Böden Sand oder feinen Kies ein. Wenn Sie den Aushub vor dem Wiederauffüllen der Pflanzgrube verbessern möchten, können Sie bis zu einem Drittel gut ausgereiften Kompost untermischen – aber keinesfalls Mineraldünger oder Torf. Am besten gedeihen Rosen auf neutralen Böden (pH-Wert 6,5–7,5); auf sehr kalkhaltigen Böden werden die Blätter oft aufgrund von Eisenmangel gelb.

Pflegetipps für gesunde Rosen

Häufeln Sie um frisch gesetzte Rosen einen Erdhügel auf, sodass nur noch die Triebspitzen herausschauen – bei Frühjahrspflanzung ebenso wie im Herbst, denn das Anhäufeln schützt nicht nur vor Kälte, sondern auch vor dem Austrocknen. Später empfiehlt sich in raueren Regionen das regelmäßige herbstliche Anhäufeln der Edel-, Beet- und Zwergrosen als Winterschutzmaßnahme. Der Erdhügel kann zusätzlich mit Fichtenreisig oder Stroh abgedeckt werden. Im Frühjahr, zu Beginn der Forsythienblüte, häufelt man dann ab, lichtet alte, dürre

OBEN: So lässt es sich wunderbar entspannen: umgeben von kleinen Strauchrosen, mit Glockenblumen und Frauenmantel als Begleitern.

LINKS: Beim Frühjahrsschnitt der Beet- und Edelrosen lässt man nur drei bis fünf jüngere, kräftige Triebe stehen und kürzt diese kräftig ein.

und schwache Triebe aus, sodass nur noch drei bis fünf kräftige Triebe stehen bleiben und schneidet die Triebe kräftig zurück, je nach Sorte und Wuchsstärke auf drei bis sechs Augen.

Gegen Ende März erhalten die Rosen ihre Hauptdüngung, am besten mit Rosen-Langzeitdünger, und können bei Bedarf im Juni nachgedüngt werden – keinesfalls später, damit die Triebe bis zum Winter gut ausreifen. Wenn Sie Ihre Rosen dann noch bei anhaltender Trockenheit des Öfteren und direkt in den Wurzelbereich gießen, ohne die Blätter anzufeuchten, gedeihen sie in der Regel prächtig. Schauen Sie vorsichtshalber ab April regelmäßig nach Anzeichen von Schädlings- oder Krankheitsbefall. Je früher Sie eventuelle Plagegeister entdecken, desto einfacher lassen sich diese bekämpfen.

Lavendel

Beet- und Balkonspaß mit dem Duft der Provence

Mediterranes Flair, aromatischer Geruch, immergrüne Zierde, heilsames Kraut: Kaum eine andere Pflanze vereint all diese Qualitäten so vorteilhaft wie der Lavendel. Zudem lässt er sich in unserem Klima besser kultivieren als viele andere südländische Schönheiten – sofern man seine etwas speziellen Ansprüche berücksichtigt.

Halber Strauch und Hummelmagnet

Lavendel wird oft zu den Stauden gezählt, ist aber – genau betrachtet – ein Halbstrauch. Das heißt, er verholzt an der Basis, bildet aber immer wieder neue, krautige, immergrüne Triebe. Die Blätter duften am intensivsten, wenn man sie zerreibt. Die schlanken Blütenähren,

die sich zwischen Juni und August öffnen, verwöhnen die Nase auch ohne »Nachhilfe« und locken nebenbei zahlreiche Hummeln an.

Der bekannteste Vertreter dieser Gattung ist der 60–80 cm hohe Echte Lavendel (*Lavandula angustifolia*) mit schmalen Blättchen und den »klassischen«, hell blauvioletten Blüten. Als Gartenpflanze hat er sich schon seit Langem bewährt, nicht zuletzt wegen seiner recht guten Frosthärte. Von ihm gibt es mehrere Sorten, die teils deutlich niedriger bleiben und in den Blütenfarben variieren; so etwa 'Blue Cushion' (um 30 cm hoch, hellviolett), 'Hidcote Blue' (40 cm, dunkel blauviolett) und 'Staudenhochzeit' (40–50 cm, weiß bis zartrosa). Der breitblättrige, rund 50 cm hohe Speik-Lavendel (*L. latifolia*) blüht violett und ist ausgesprochen aromatisch, braucht aber etwas

Winterschutz. Das gilt auch für den etwa 80 cm hohen Lavandin (L. × intermedia) mit seinen großen Blütenständen in Blau, Violett oder Weiß; dies ist der typische Provence-Lavendel, der in Südfrankreich auf ausgedehnten Feldern zum Gewinnen von Parfümöl angebaut wird.

grünzeug Spezial:

Lavendel in Töpfen

Lavendel kann auch Balkon und Terrasse mit seinem Duft erfüllen. Bei Topfkultur empfiehlt sich eine 3–5 cm hohe Drainageschicht aus Blähton, Bimskies oder Kies am Gefäßboden. Normale Blumenerde ist ungeeignet. Wesentlich besser gedeiht Lavendel auf Dauer in Dachgartenerde oder in Kräutererde, der man 20–30 % Perlite, Lavagrus oder Sand untermischt.

Genügsamer Sonnenanbeter

Wilder Lavendel wächst am Mittelmeer an besonnten Hängen, auf recht kargen Standorten und oft auf Kalkgestein. Entsprechend braucht der Halbstrauch auch im Garten einen vollsonnigen, warmen Platz. Der Boden sollte sehr gut durchlässig sein und eher trocken als zu feucht, am besten sandig, kalkhaltig und nicht allzu nährstoffreich. Pflanzen Sie den Lavendel vorzugsweise im späten Frühjahr, damit er sich bis zum Winter kräftig entwickeln kann. Mit 30–40 cm Abstand zu den Nachbarpflanzen erhält er genug Platz, um sich ungestört zu entfalten.

Ist der Lavendel gut eingewachsen, wird Gießen höchstens in längeren Trockenphasen nötig. Ansonsten gibt es im Sommer kaum etwas zu tun – abgesehen vom Ernten einiger Blütentriebe und Blättchen für duftende und entspannende Zubereitungen sowie als Würze (siehe Seite 76–77). Wenn Sie die verblühten Stängel zurückschneiden, kann das die Blütezeit ein wenig verlängern. Als Winterschutz in

RECHTS: Optisch passt der Lavendel schön zu Rosen, von seinen Ansprüchen her allerdings weniger. Wenn er nicht allzu stark gegossen und gedüngt wird, kommt er aber auch als Rosenbegleiter gut zurecht.

rauen Lagen empfiehlt sich das Abdecken von Wurzelbereich und Triebbasis mit Fichtenreisig oder – nicht allzu dicht gepacktem – Laub. Um dem Verkahlen vorzubeugen, ist es wichtig, den Lavendel in jedem Frühjahr um etwa ein Drittel zurückzuschneiden, sobald keine stärkeren Fröste mehr drohen. Danach wird er mit ein paar Handvoll Kompost versorgt.

Bescheidener Pflanzpartner

Wer in seinem Garten eine sonnige Fläche mit sandigem bis steinigem, magerem Boden steppenartig gestalten möchte, muss nicht lang überlegen: Hier passt der Lavendel ideal und harmoniert wunderschön z. B. mit Bartiris, Fetthenne (Sedum), Goldrute (Solidago), Heiligenkraut (Santolina chamaecyparissus), Rotem Sonnenhut (Echinacea purpurea) und Salbei. Kompakte Sorten lassen sich auch gut in Steingärten einfügen, für niedrige Hecken verwenden oder in Kübeln halten.

Viele Gärtner pflanzen den Lavendel aber auch gern in Staudenrabatten oder als Rosenbegleiter, in der Hoffnung, dass der intensive Duft die Blattläuse von den Rosen fernhält – was sich allerdings nicht immer bewahrheitet. In solchen Mischpflanzungen ist es ratsam, die Pflanzstellen für den Lavendel separat herzurichten und reichlich Sand, feinen Kies oder Splitt einzuarbeiten. Zudem sollte er bei üppigen Wasser- und Nährstoffgaben für die anspruchsvolleren Nachbarn sorgfältig ausgespart werden.

Rittersporn

Blaue Wunderkerzen im Staudenbeet

Rosa, rote und gelbe Blüten prägen viele sommerliche Gärten und malen ein fröhliches, heiteres Bild. Wenn die Gestaltung trotzdem nicht so recht befriedigt, liegt es oft daran, dass es an Spannung und besonderen Akzenten fehlt. Da wirken markante blaue und blauviolette Blüten geradezu Wunder: Blau sorgt für Ruhe, setzt frische Kontraste und bringt die bunten Farben der Nachbarpflanzen erst so richtig zum Leuchten. Und kaum eine andere Staude kann das Blau so intensiv, eindrucksvoll und nuancenreich beisteuern wie der Rittersporn, der mit seinen üppigen Blütenkerzen zugleich ein Flair von Noblesse ausstrahlt.

Rittersporne werden aus gutem Grund als »Prachtstauden« eingestuft. Wer so prunkvoll auftritt, hat allerdings auch seine Ansprüche: Ritter-

sporn braucht einen gut gewählten Standort und sorgfältige Pflege. Dafür bedankt er sich mit stattlichem Wuchs und reicher Blütenpracht.

Ritterhelme und Delphine

Die großen Einzelblüten, die oft wie Ritterhelme geformt sind und einen Sporn am obersten Blütenblatt tragen, verliehen dem Rittersporn seinen Namen. Wissenschaftlich heißt die Gattung *Delphinium*, weil ihre aufbrechenden Blütenknospen die namengebenden Botaniker an Delphine erinnerten. Es gibt über 300 *Delphinium*-Arten, die hauptsächlich in den gemäßigten Klimazonen Europas, Asiens und Nordamerikas verbreitet sind und überwiegend mehrjährig wachsen. Durch Kreuzungen solcher Wildarten entstanden verschiedene Hybriden, die heute in prächtigen Sorten unsere Gärten zieren. Hübsche und robuste, einjährige Verwandte sind die Feldritterspornе (*Consolida ajacis, C. regalis*), die in Sommerblumenbeete ebenso passen wie in Blumenwiesen und von zahlreichen Hummeln umschwärmt werden.

grünzeug Spezial:

Schön, aber giftig

Der Eisenhut, ein naher Verwandter des Rittersporns, zählt den giftigsten Gartenpflanzen überhaupt. Ganz so gefährlich ist der Rittersporn nicht, doch auch er enthält in allen Pflanzenteilen giftige Alkaloide. Kleine Kinder, die ihre Umwelt gelegentlich durch »Naschtests« erkunden, sollte man besser von der Prachtstaude fernhalten. Aber auch Erwachsene müssen sich etwas vorsehen: Der Kontakt mit Blüten und Blättern kann Hautreizungen hervorrufen.

Bewährte Sortenvielfalt

Unter den als Stauden wachsenden Ritterspornen spielen zwei Gruppen die Hauptrolle: die *Delphinium*-Elatum-Hybriden und die *Delphinium*-Belladonna-Hybriden. Die majestätischen, 150–200 cm hohen Elatum-Hybriden tragen lange, aufrechte Blütentürme mit bis zu 6 cm großen Einzelblüten. Bewährte Sorten sind beispielsweise 'Finsteraarhorn' (dunkel violettblau), 'Lanzenträger' (enzianblau mit weißem Auge) und die neuere, mehltauresistente 'Augenweide' (hellblau mit weißem Auge). Dazu kommen die robusten, halb gefüllt oder gefüllt blühenden Neuzüchtungen aus der 'New Millenium'-Serie, so etwa 'Pagan Purples' (dunkel blauviolett) und 'Royal Aspirations' (tiefblau mit weißem Auge). Hierunter finden sich auch schöne Sorten in strahlendem Weiß und kräftigem Rosa.

Seit einiger Zeit bereichern zudem die 'Magic Fountains'-Züchtungen das Sortiment, z. B. 'Magic Fountains Dunkelblau' oder 'Magic Fountains Weiß'. Sie haben meist halb gefüllte Blüten und sind mit rund 90 cm Höhe recht kompakt und sehr standfest. Manche Anbieter führen sie als Elatum-Hybriden, manche als *Delphinium × cultorum*, andere wiederum als Pacific-Hybriden. Von diesen empfehlenswerten Züchtungen abgesehen, haben die *Delphinium*-Pacific-Hybriden allerdings an Bedeutung verloren: Sie wurden eine Zeitlang als besonders prachtvolle, großblütige Varianten gerühmt, erwiesen sich aber oft als kurzlebig und nur mäßig winterhart.

Die Belladonna-Hybriden bleiben mit 80–120 cm deutlich niedriger als die Elatum-Hybriden. Sie bilden verzweigte, standfeste Triebe mit locker aufgebauten Blütenständen. Ihre Blüten öffnen sich oft schon zeitig im Juni. Hierzu zählen z. B. die schönen Sorten 'Atlantis' (dunkel violettblau), 'Piccolo' und 'Völkerfrieden' (beide tiefblau mit weißem Auge) sowie 'Moerheimii' (weiß).

RECHTS: Die Einzelblüten öffnen sich von unten nach oben und erreichen bei den Elatum-Hybriden bis 6 cm Durchmesser. In allen Sortengruppen finden sich Züchtungen mit reizvoll kontrastierendem weißem Auge.

Viel Sonne und nahrhafter Boden

Rittersporne sind auch als »Ritter der Rosen« bekannt, weil sie wunderschöne Rosenbegleiter abgeben und zudem sehr ähnliche Ansprüche haben: mindestens fünf Stunden Sonne am Tag, besser mehr, allerdings keine allzu pralle Hitze und ansonsten möglichst luftig. Der Boden sollte humos, nährstoffreich und durchlässig sein und die Feuchtigkeit gut halten. Lockern Sie vor dem Pflanzen die gesamte Fläche gründlich und bringen Sie 2–3 Liter gut ausgereiften Kompost pro m² aus, auf schlechteren Böden etwas mehr. Arbeiten Sie den Kompost nur oberflächlich ein, beispielsweise mit einem Kultivator. Sehr sandige Böden können Sie zusätzlich mit 0,5 bis 1 kg Tonmehl (Bentonit) pro m² verbessern.

Die meist in Plastiktöpfen (Containern) gezogenen Jungpflanzen lassen sich, außer bei Frost, das ganze Jahr über setzen. Der beste Pflanztermin ist allerdings der Herbst – und der schlechteste die heißen, trockenen Sommerwochen. Gönnen Sie den Pflanzen beim Setzen genug Freiraum: 80 cm Abstand für hohe *Elatum*-Hybriden, 60 cm für kompaktere Sorten.

Gute Rundumversorgung

Rittersporne sollte man in Trockenzeiten regelmäßig gießen, aber nicht zu nass halten. Gießen Sie direkt in den Wurzelbereich und vermeiden Sie das Benässen der Blätter, um Mehltau und anderen Pilzkrankheiten vorzubeugen.

UNTEN: Ein bodennaher Rückschnitt nach der ersten Hauptblüte fördert baldigen Neuaustrieb – mitsamt einem zweiten Flor ab September..

MITTE: Neuere Sorten, z. B. aus der 'New Millenium'-Serie, warten mit verschiedenen Rosatönen auf, von zarten Nuancen bis zu kräftigem Pink.

RECHTS: Belladonna-Hybriden bezaubern mit eher locker aufgebauten Blütenständen an verzweigten Stängeln.

Warum kümmern meine Ritter-sporne mit der Zeit vor sich hin?

Kugels Rat: Rittersporne sind ziemlich hungrige Pflanzen, denn ihre Üppigkeit und Blühfreude fordern ihren Tribut. Sie brauchen regelmäßig Nahrung in Form von organisch-mineralischem Volldünger, sonst lassen Wuchsfreude und Blühkraft nach.
Unsere Gärtner im Blühenden Barock Ludwigsburg geben im Frühjahr 60 g des organisch-mineralischen Volldüngers pro Pflanze. Ganz wichtig ist eine zweite Düngergabe von 40 g pro Pflanze nach dem Rückschnitt der abgeblühten Triebe der Hauptblüte Ende Juli. Rittersporne lieben einen tiefgründigen Boden! Bringen Sie deshalb alle 2-3 Jahre 5-8 cm dick einen Pflanzkompost aus, damit der Boden humus reich bleibt. So versorgt blühen die Rittersporne prächtig.

Nach dem Einwachsen werden Rittersporne in jedem Frühjahr mit einer dünnen Schicht Kompost versorgt (rund 2 l/m²) und erhalten zusätzlich eine Handvoll Hornmehl oder organischen Volldünger. Binden Sie die Triebe hoher Sorten am besten an Stützstäben auf, besonders an windigen Plätzen. Die prachtvollen Blüten geben sich ab Juni die Ehre, doch im Lauf des Juli lässt der Flor merklich nach. Sind alle Triebe verblüht, empfiehlt sich ein radikaler Rückschnitt auf 5–10 cm über dem Boden, gefolgt von einer zweiten Düngergabe. In der Regel treibt der Rittersporn dann wieder kräftig aus und bringt im September oder Oktober dann nochmals eine ansehnliche Nachblüte. Im Spätherbst, nach dem Welken der Blätter, werden die Pflanzen dann erneut bis knapp über dem Boden zurückgeschnitten.

Plagegeister und Verjüngungskuren

Der junge Frühjahrsaustrieb ist leider ein Leckerbissen für Schnecken. Schutzstreifen, z. B. aus grobem Sand, helfen nur mäßig, besser ist ein Schneckenzaun. Ansonsten bleibt nur der Einsatz von Schnecken-korn (am besten umweltschonende Körner mit Eisen-III-Phosphat) sowie das Auslegen von Brettern oder Rhabarberblättern, unter denen man die Schnecken frühmorgens und abends absammelt. Gegen Mehltau und andere Pilzkrankheiten hat sich das vorbeugende, regelmäßige Spritzen von Pflanzenstärkungsmitteln, z. B. aus Ackerschachtelhalm, bewährt. Entfernen Sie möglichst frühzeitig alle Blätter, die weiße Mehltaubeläge, dunkle Blattflecken oder helle »Schlängellinien« von Minierfliegen aufweisen und geben Sie diese in den Hausmüll, nicht auf den Kompost.

Wenn die Wuchs- und Blühfreude älterer Rittersporne nachlässt, ist das meist kein Grund zur Besorgnis: Sie brauchen lediglich eine Verjüngung. Dazu verhilft das Teilen der Wurzelstöcke, mit dem Sie zugleich Pflanzennachwuchs gewinnen können. Graben Sie dazu nach dem Rückschnitt im Spätherbst oder im zeitigen Frühjahr die Pflanzen mitsamt Wurzelwerk vorsichtig aus. Zerteilen Sie sie dann in etwa faustgroße Stücke, die genügend Wurzeln sowie mindestens ein bis zwei Triebknospen aufweisen, und pflanzen Sie diese an den gewünschten Stellen ein. In der Regel wird solch eine »Verjüngungskur« nur alle fünf bis zehn Jahre nötig.

Schädlinge und Krankheiten

Häufige Plagegeister: vorbeugen und bekämpfen

Jeder Gärtner kennt das: Blumen und Sträucher gedeihen und blühen prächtig, Gemüse und Obst reifen verheißungsvoll heran – doch plötzlich trüben abgefressene Pflanzenteile, merkwürdige Flecken oder andere unliebsame Symptome die Freude. Dem kann man durchaus effektiv gegensteuern, ohne die Umwelt und die eigene Ernte mit Giften zu belasten.

Gedeihliche Standorte und Pflege

Sorgfältige Standortwahl und gute Pflege gehören zu den wirkungsvollsten Vorbeugungsmaßnahmen: Wenn die Licht- und Bodenverhältnisse sowie Wasser- und Nährstoffversorgung den Bedürfnissen der Pflanzen entsprechen, wachsen sie kräftig heran und sind weniger anfällig. Abgesehen von sehr wind- oder kälteempfindlichen Arten bekommt den meisten Pflanzen ein recht luftiger Standort gut. Denn »stickige«, heiße Plätze, an denen kein Lüftchen weht, fördern im Sommer Blattläuse, Spinnmilben und andere saugende Schädlinge. Vor allem aber trocknen bei guter Luftzirkulation die Blätter nach einem Regen schneller ab, was der Ausbreitung von Pilzkrankheiten vorbeugt. Deshalb ist es auch ratsam, die Pflanzen nicht allzu eng zu setzen.

Wenn Sie dann noch vorwiegend direkt in den Wurzelbereich gießen, ohne die Blätter zu befeuchten, lassen sich Mehltau, Rost & Co. von vornherein eindämmen. Große Bedeutung hat auch eine ausgewogene Düngung. Vermeiden Sie besonders zu hohe Stickstoffgaben bzw. -anteile: Die führen zu »mastigem« Wuchs mit weichem Gewebe, das Schädlinge und Krankheiten geradezu anlockt.

Die Widerstandskräfte stärken

Selbst hergestellte Auszüge und Brühen, z.B. aus Ackerschachtelhalm, Knoblauch und Rainfarn, können die Abwehrkräfte der Pflanzen stärken, wenn sie vorbeugend und regelmäßig ausgebracht werden. Bequemer geht das mit fertigen Pflanzenstärkungsmitteln aus dem

Gartenfachhandel. Noch besser gewappnet sind Sie mit Züchtungen, die als widerstandsfähig gegen bestimmte Krankheiten gelten. Von mehreren Gemüsen und manchen Stauden gibt es beispielsweise mehltauresistente oder -tolerante Sorten, außerdem werden z. B. blattlausresistente Salatsorten, schorfresistente Apfelsorten sowie die robusten ADR-Rosen angeboten.

Eine sehr wichtige Rolle spielen die zahlreichen »freiwilligen Helfer« im Garten, die liebend gern Blattläuse, Schmetterlingsraupen, Spinnmilben und teils sogar Schnecken fressen oder parasitieren; so beispielsweise Marienkäfer, Florfliegen, Schlupfwespen, Vögel, Erdkröten und Igel. Diese Nützlinge können Sie durch eine naturnahe, vielfältige Bepflanzung unterstützen; des Weiteren durch einige Ecken mit geduldetem Wildwuchs, mit Unterschlupf- und Überwinterungsplätzen wie Holz-, Laub- und Steinhaufen und mit speziellen Nisthilfen, bis hin zu »Insektenhotels«.

grünzeug Spezial:

Hilfe bei Problemen

Wenn z. B. Welkekrankheiten oder unspezifische Blattflecken auftreten, sind die Ursachen oft schwer zu identifizieren. Bei solchen und anderen Problemen kann teils das Personal in Gärtnereien und Gartencentern weiterhelfen. Ansonsten stehen die Pflanzenschutzdienste der Bundesländer zur Verfügung, in manchen Ländern auch die eigens für Hobbygärtner eingerichteten Gartenakademien. Man findet sie leicht übers Internet oder kann bei der Landwirtschaftskammer nachfragen (siehe auch S. 161).

Wenn es ernst wird

Treten trotz aller Vorsichtsmaßnahmen Schaderreger auf, kann man sie oft schon eindämmen, wenn man frühzeitig befallene Partien entfernt und bei Gehölzen beispielsweise erkrankte Zweige kräftig bis ins

RECHTS: Selbst hergestellte Kräuterauszüge können die Pflanzen stärken. So haben sich z. B. Brühen und Jauchen aus Ackerschachtelhalm zum Vorbeugen gegen Pilzkrankheiten und Spinnmilben bewährt.

gesunde Holz zurückschneidet. Schädlinge wie Raupen und Käfer lassen sich häufig durch gezieltes Absammeln im Zaum halten, kleinere Tierchen wie Blattläuse durch Abstreifen, Zerquetschen oder mehrmaliges Abspritzen mit kräftigem Wasserstrahl. Achten Sie dabei stets auch auf die Blattunterseiten, an denen sich viele Schädlinge vorzugsweise verstecken.

Bei starkem Befall sowie Welken und Fäulen hilft allerdings meist nur das Beseitigen der ganzen Pflanze, möglichst mitsamt der umgebenden Erde. Sehr wichtig ist es zudem, nach einem Befall betroffene und verdächtige Blätter, Blüten und Früchte zu entfernen, von den Pflanzen ebenso wie vom Boden, weil Schaderreger oft in oder an solchen Überresten überdauern. Erkrankte Pflanzenteile sollten nicht auf den Kompost kommen, sondern zum Hausmüll.

Für Notfälle sind gegen die häufigsten Schädlinge und Pilzkrankheiten im Haus- und Kleingarten Pflanzenschutzmittel zugelassen. Achten Sie bei der Auswahl auf möglichst nützlingsschonende und bienenungefährliche Präparate. Gegen etliche Schädlinge gibt es Pflanzenschutzmittel mit natürlichen Wirkstoffen wie Kaliseife, Rapsöl, Pyrethrum oder Neem; außerdem biologische Spritz- und Gießmittel, etwa Bakterienpräparate *(Bacillus thuringiensis)* gegen Kohlweißling und andere Schmetterlingsraupen.

Häufige Pilzkrankheiten

Pilzkrankheiten wie Mehltau und Rost treten an vielen unterschiedlichen Pflanzen auf. Trotz der ähnlichen Symptome handelt es sich aber meist um verschiedene, auf bestimmte Pflanzen spezialisierte Erreger. So kann z. B. der Apfelmehltau nicht auf Gurken oder Astern übergreifen und der Bohnenrost keine Rosen befallen.

Der **Echte Mehltau** kommt an Rosen, Rittersporn, Phlox, Gurken und vielen anderen Pflanzen vor – meist gut erkennbar an den weißen bis grauweißen, abwischbaren Belägen auf den Blattoberseiten. Bei Stachel- und Johannisbeeren sind hauptsächlich die Triebspitzen betroffen, die sich deutlich krümmen und dann kräftig zurückgeschnitten werden sollten. Echter Mehltau braucht weniger Feuchtigkeit als andere Schadpilze: Ihm reicht der Tau, der sich nach warmen, trockenen Tagen in kühleren Nächten bildet. Deshalb breitet er sich vor allem im Spätsommer aus.

Beim **Falschen Mehltau** bilden sich die weiß- bis graubraunen Beläge auf den Blattunterseiten; oberseits sieht man nur gelbe oder braune Flecken. Betroffen sind vor allem Gemüse wie Salat, Spinat, Gurken und Erbsen, außerdem z. B. Primeln und Weinrebe. Falscher Mehltau breitet sich oft schon im Frühjahr bei feuchtem, mäßig warmem Wetter aus.

Rostbraune, pustelartige Sporenlager an den Blattunterseiten sind typische Anzeichen für **Rostpilze,** etwa an Bohnen und Stockrosen. An manchen Pflanzen findet man auch gelbliche, orange oder weißliche Pusteln. Zum Winter hin verfärben sich diese Sporenlager dunkel. Erste Anzeichen sind meist gelbe, bräunliche oder rote Flecken auf den Blattoberseiten; stark befallene Blätter vertrocknen und werden abgeworfen.

LINKS: Echter Mehltau, hier an Zucchini, ist an den weißen bis hellgrauen Flecken und Belägen auf den Blattoberseiten meist gut zu erkennen.

RECHTS: Solche Pusteln auf den Blattunterseiten sind ein typisches Anzeichen für Rostpilzbefall, wie hier beim Malvenrost an Stockrosen.

Ich hatte die Weiße Fliege an meinen Fuchsien scheinbar erfolgreich bekämpft. Nach 4 Wochen waren wieder Unmengen der Tiere da! Was kann ich besser machen?

Kugels Rat: Diese lästigen weißen Plagegeister sind wirklich schwer zu bekämpfen! Ob an Fuchsien, Enzianbäumchen oder Wandelröschen ... sie saugen an den Blättern, die dann gelb werden und später abfallen. Biologische Präparate auf der Basis von Kaliseifen töten die erwachsenen Tiere ziemlich erfolgreich ab. Das Problem ist aber die Biologie der Tiere! Ein Weibchen legt bis zu 300 Eier ab, aus denen in 2–3 Wochen wieder erwachsene Tiere werden. Die abgelegten Eier werden aber von Pflanzenschutzmitteln nicht erfasst. Mein ganz wichtiger Rat ist also: Wiederholen Sie die Spritzungen mit Kaliseifenpräparaten zweimal im Abstand von jeweils 2 Wochen – so erfassen Sie auch die Jungtiere aus den abgelegten Eiern.

Eine speziellere, aber gefürchtete Pilzkrankheit ist die **Kraut- und Braunfäule** der Tomaten. Bei feuchtwarmem Wetter zeigen sich teils schon ab Ende Juni graugrüne, später dunkelbraune Blattflecken. Oft werden dann ganze Stängelpartien dunkelbraun und auf den Früchten bilden sich braune, runzlige Flecken. Am besten lässt sich vorbeugen, indem man ab Sommer jede Blattvernässung vermeidet – idealerweise in einem stets gut gelüfteten Gewächs- oder Tomatenhaus oder auch mit einer einfachen Foliendachkonstruktion. Derselbe Schadpilz verursacht an Kartoffeln die Kraut- und Knollenfäule; die Erreger überdauern an Pflanzenresten im Boden. Deshalb sollte man Tomaten – trotz ihrer angeblichen Selbstverträglichkeit – jedes Jahr an eine andere Stelle pflanzen und weder neben noch nach Kartoffeln anbauen.

Verschiedene Erreger der Pilzkrankheit **Monilia** verursachen an Obst- und Ziergehölzen wie Sauerkirsche, Forsythie und Zierkirsche eine Spitzendürre, vor allem an Äpfel und Kirschen auch eine Fruchtfäule. Bei der Spitzendürre welken oft ganz plötzlich Triebspitzen und Blüten, dann die Blätter; später erscheint ein gelblicher bis grauer Pilzbelag. Bei der Fruchtfäule bilden sich auf den Früchten dunkle

Faulstellen mit weißen bis gelblichen Schimmelringen. Schneiden Sie befallene Triebe kräftig bis ins gesunde Holz zurück und entfernen Sie sorgfältig vertrocknete »Fruchtmumien« am Baum und auf dem Boden.

Kompost gegen Schadpilze

Kompostwasser hat in Versuchen eine nachweislich pilzhemmende Wirkung gezeigt, die sich gut zum Vorbeugen einsetzen lässt. Dazu verrührt man 1 Liter voll ausgereiften Kompost mit 5 Liter Wasser und lässt das Ganze eine Woche durchziehen (täglich umrühren). Nach dem Abfiltern über ein Sieb lässt sich das Kompostwasser zum Schutz etwa von Rosen, Tomaten oder Erdbeeren verwenden, indem man es alle drei bis vier Tage über die Pflanzen und den Boden sprüht.

Häufige saugende Schädlinge

Meist winzige Insekten sowie Spinnmilben, die zu den Spinnentieren zählen, schaden durch ihre Saugtätigkeit an Blättern, teils auch an Knospen und Blüten. Blattläuse und andere Sauger können zudem Viruskrankheiten übertragen. Auch Schildläuse, Thripse, Weiße Fliegen und Blattwanzen gehören zu dieser Gruppe.

Die grünen, schwarzen, braunen, grauen, gelben oder rötlichen **Blattläuse** treten an den verschiedensten Pflanzen auf – teils stark spezialisiert, teils überhaupt nicht wählerisch, wie etwa die Grüne Pfirsichblattlaus mit über 400 Wirtspflanzen. Blattläuse bevorzugen junge Pflanzenteile und sitzen oft in Kolonien an Blattunterseiten, Knospen oder Triebspitzen. Ihre Saugtätigkeit führt zum Kräuseln und Einrollen der Blätter, Triebspitzen, Knospen und Blüten können verkrüppeln. Typisch sind auch klebrige Beläge, der sogenannte Honigtau.

Spinnmilben befallen ebenfalls eine Vielzahl von Pflanzen, Blumen und Gemüse ebenso wie Obst- und Ziergehölze. Besonders lästig können sie im Gewächshaus werden, z. B. an Gurken. Sie sitzen meist an den Blattunterseiten und sind mit dem bloßen Auge kaum erkennbar. Allerdings fallen die Weibchen über Winter oft durch eine deutliche Rotfärbung auf. Manche bilden zudem bei starkem Befall feine, helle Gespinste. Ansonsten erkennt man sie vor allem an den zahl-

reichen Saugstellen, die im Gegenlicht als helle Pünktchen erscheinen. Diese breiten sich zu hellgrauen bis bronzefarbenen Flecken aus, die Blätter rollen sich teils ein und fallen ab.

Verbreitete Fraßschädlinge

Schnecken werden bei feuchtem Wetter oft zur Plage im Gemüse-, Erdbeer- und Blumenbeet. Meist handelt es sich um Nacktschnecken ohne Gehäuse, je nach Art etwa 1–15 cm lang, die deutliche Schleimspuren hinterlassen. Typische Schadbilder sind große, unregelmäßige Löcher in den Blättern oder an den Blatträndern, an Stängeln abgeschabte Partien, teils auch angefressene Knospen und Blüten. Zarter Austrieb und Jungpflanzen werden oft komplett abgefressen.

Ein guter Schneckenzaun aus Stahlblech oder Kunststoff rund ums Beet ist meist die beste Abwehrmaßnahme. Ansonsten kann man die Plagegeister morgens gut unter ausgelegten Brettern, Säcken oder Rhabarberblättern absammeln. Ebenerdig eingegrabene Bierfallen zeigen zwar eine gute Fangquote, der Biergeruch lockt aber oft noch zusätzliche Schnecken an. Häufig kommt man um Schneckenkorn nicht herum; empfehlenswert sind Giftköder mit dem Wirkstoff Eisen-III-Phosphat, der Umwelt und Nützlinge schont.

LINKS: Marienkäfer und ihre stets hungrigen Larven können täglich bis zu 150 Blattläuse vertilgen.

RECHTS: Schneckenzäune mit glatten Wänden und scharf abgewinkelten oder halbrunden Kanten halten viele Schnecken fern.

UNTEN LINKS: Komplett abgefressene Wurzeln und deutliche Erdlöcher deuten meist auf Wühlmäuse hin.

UNTEN RECHTS: Im Herbst angebrachte Leimringe an Obstbäumen und Pfählen fangen die hochkriechenden Weibchen des Frostspanners ab.

Die lästigen **Wühl- und Feldmäuse** graben unter der Erde hochovale oder rundliche Gänge und fressen an Wurzeln, Zwiebeln, Knollen, Jungpflanzen oder Rinden. Viel gepriesene Hilfsmittel, wie etwa Kaiserkrone und Wolfsmilch als Abwehrpflanzen, zeigen oft nur mäßige Wirkung. Ähnlich verhält es sich mit akustischen Wühlmausvertreibern. Effektiver ist das häufige Zerstören der Gänge, außerdem der

Einsatz von Patronen mit vertreibenden Gasen. Zwiebelblumen lassen sich durch Pflanzung in kräftigen Gitterkörben schützen. Zu den sichersten Bekämpfungsmethoden zählen Wühlmausfallen, die über Winter in den Gängen aufgestellt werden, sowie die – allerdings nicht ganz unproblematischen – Giftköder.

Daneben gibt es gerade an Gemüse eine Vielzahl spezialisierter Fraßschädlinge, wie etwa die Maden der verschiedenen **Gemüsefliegen.** Gegen diese und manch andere Gemüseschädlinge hat sich das frühzeitige Auflegen von Kulturschutznetzen bzw. Insektenschutzvliesen bewährt.

Wer gesundes Obst ernten möchte, sollte das Angebot an Abwehrmitteln gegen **Schmetterlingsraupen** und **Obstmaden** nutzen. So fangen um die Stämme gelegte Wellpappegürtel im Spätsommer und Frühjahr etliche Raupen von Apfel- und Pflaumenwickler ab, ebenso den Apfelblütenstecher, einen kleinen Rüsselkäfer. Und Leimringe, die ab Ende September an Stämmen und Stützpfählen befestigt werden, helfen gegen die hochkriechenden Weibchen des Frostspanners. Zum Abfangen der Kirschfruchtfliegen gibt es gelbe, beleimte Fallen, die man im Mai/Juni in die Bäume hängt.

Ich will möglichst ohne chemischen Pflanzenschutz gärtnern. Hilft verdünntes Spülmittel gegen lästige Blattläuse?

Kugels Rat: Die Spülmittelbrühe hilft ein klein wenig. Sie könnten im Prinzip genauso kaltes Wasser mit hohem Druck sprühen und hätten dann am Ende einen ähnlichen »Erfolg«. Wer biologisch gärtnern will, dem kann ich gegen Blattläuse zwei sehr gut wirksame Bekämpfungsmitte empfehlen:
Mittel auf Basis des Neem-Öls, einem Extrakt aus dem tropischen Neem-Baum und Mittel auf Basis von Kaliseife. Beide Mittel haben bei zweimaliger Wiederholung jeweils innerhalb von zwei Wochen eine sehr gute Wirkung und die Blattläuse sind sehr gut unter Kontrolle.

Wohltuende Duftwunder

Lavendel und Rosmarin

Wer beim Urlaub am Mittelmeer gelegentlich die Natur erkundet, kennt den besonderen Reiz der Buschlandschaften, in denen halbhohe, immergrüne Sträucher und dornige Gestrüppe das Bild prägen. Diese auf kargen, oft steinigen Böden wachsenden Gebüschvegetationen werden als Macchie und Garrigue bezeichnet. Bei aller Unwirtlichkeit bezaubern sie Spaziergänger nicht nur durch ihren »wilden« Charme, sondern häufig auch durch intensive Düfte. Denn hier sind die Wildformen vieler mediterraner Kräuter zu Hause, so auch Lavendel und Rosmarin.

Dass wir diese Wohlgerüche heute in unseren Gärten genießen können, verdanken wir den Benediktinermönchen des Mittelalters. Sie brachten diese Kräuter – wie viele andere Pflanzen – bei ihren Reisen über die Alpen mit, um sie in den Klostergärten anzubauen. Sie wussten um deren Heilwirkungen, da sie mit dem Kräuterwissen der antiken Schriften vertraut waren.

Gemeinsamkeiten und Eigenheiten

Lavendel zählt neben Thymian und Salbei zu den südländischen Kräutern, die mit unseren Wintern am besten zurechtkommen (siehe auch Seite 64–65). Anders der Rosmarin: Zumindest in raueren Regionen wird er besser im Kübel kultiviert und drinnen hell und kühl überwintert. Einige neuere Sorten wie 'Arp' und 'Veitshöchheim' gelten allerdings als recht frostfest (bis etwa −20 °C). Wie Lavendel braucht auch Rosmarin viel Sonne und einen gut durchlässigen, recht trockenen und nicht allzu nährstoffreichen Boden.

grünzeug Spezial:

Rosmarin richtig pflegen

Wird Rosmarin im Topf kultiviert, ist eine Dränageschicht aus Blähton oder Kies am Gefäßboden ratsam. Er gedeiht am besten in Dachgartenerde oder mit Sand oder Perlite vermischter Kräutererde. Gießen Sie bei anhaltender Trockenheit des Öfteren, aber nicht allzu kräftig. Rosmarin im Kübel sollte möglichst hell und kühl, bei 2–8 °C, überwintert werden und erst ab April wieder nach draußen kommen. Lassen Sie ihn auch über Winter nicht ganz austrocknen, aber gießen Sie sehr zurückhaltend. Schneiden Sie im Frühjahr die Triebe etwa um ein Drittel zurück.

Während bei der Nutzung des Lavendels die ährenartigen Blütentriebe die Hauptrolle spielen, geht es beim Rosmarin vor allem um die jungen Blätter und Triebspitzen. Seine hell blauvioletten Blüten, die sich hauptsächlich im Mai und Juni in quirlartigen Ständen öffnen, erfreuen in erster Linie das Auge. Anders als bei vielen Kräutern mindern sie nicht den Aroma- und Wirkstoffgehalt der Blätter. Sie können z. B. als Salatgarnierung auch in der Küche verwendet werden, bieten aber keine prägnante Würze. Blättchen und Triebspitzen können Sie von beiden Pflanzen vom Frühjahr bis zum Herbst in kleineren Mengen ernten. Zum Trocknen und Konservieren schneidet man Rosmarinzweige im Juni oder Juli. Die zwischen Juni und August erscheinenden Blütentriebe des Lavendels werden am besten geerntet, wenn sich die kleinen Einzelblüten gerade öffnen.

RECHTS: Rosmarinblüten verwöhnen eher das Auge als den Gaumen. Dafür sind die Blättchen umso aromatischer und würzen – sparsam verwendet – Fleischgerichte ebenso wie z. B. Kartoffeln oder Schafskäse.

Würzen und Genießen

In der Küche ist der Rosmarin der klare Favorit. Wegen des intensiven, etwas herben Aromas werden seine Blätter zwar nur sparsam verwendet, passen aber zu zahlreichen Gerichten. Die Inhaltsstoffe fördern gerade auch bei »schweren« Speisen die Verdauung und beugen einem unangenehmen Völlegefühl vor. So mundet Rosmarin z. B. an allen Fleischgerichten, auch Lamm und Wild, außerdem an Fisch, Schafskäse, Kartoffeln, Pizza und Nudeln, vielen Gemüsen, Salaten, Suppen und Soßen. Rosmarin eignet sich zudem gut für Kräutermischungen, etwa in Kräuterbutter oder Kräutersalz.

Die noch etwas herberen Blättchen des Lavendels sind da eher Geschmackssache. Sie harmonieren aber – jung geerntet und zurückhaltend dosiert – ebenfalls mit Fisch und Fleisch, besonders mit Lamm. Mittlerweile haben einige Feinschmecker auch den Gaumenreiz der frischen oder getrockneten Blüten entdeckt; schließlich wird der in den Herbes de Provence schon seit Langem geschätzt. Streut

man Blüten in kleinen Mengen über Salate, Kräutersoßen, Schafs- oder Ziegenkäse, kann man durchaus auf den Geschmack kommen. Manche Gourmets schwören außerdem auf Lavendel zum Verfeinern von Süßspeisen, Obstsalaten und Eis.

Öliges und Hochprozentiges

»Verflüssigt« sind Lavendelblüten wie Rosmarinzweige schmackhafte Spezialitäten. Durch Einlegen in Olivenöl oder auch Wein- und Obstessig kann man ihr Aroma konservieren und für alles nutzen, das mit Öl oder Essig angerichtet wird. Für Kräuterschnäpse, die mit Korn oder mildem Branntwein angesetzt werden, bietet sich vor allem der verdauungsfördernde Rosmarin an. In Kräuterliköre mit Korn oder Wodka samt Zucker- oder Honigzugabe passt Lavendel ebenso wie Rosmarin. Beide Kräuter munden auch, wenn man ein paar Handvoll Triebe bzw. Zweige mit Weißwein übergießt. Solche Kräuterweine lässt man an einem dunklen Platz bei Zimmertemperatur ziehen und seiht dann nach ein bis zwei Wochen die Pflanzenreste ab. Kräuterschnäpse und -liköre dagegen stehen besser sonnig und sollten rund drei Wochen ziehen.

Lindern und heilen

In Sachen Gesundheit und Wellness haben beide Pflanzen besondere Stärken. Lavendelblüten wirken nachweislich beruhigend und schlaffördernd. Sie wirken außerdem gegen nervöse Darm- und Magenbeschwerden. Die Blüten entfalten ihre heilsamen Wirkungen in Lavendeltees sowie in Dampfbädern, die zur Aromatherapie verwendet werden. Als Füllung in Baumwoll- oder Leinenbezügen ergeben sie ein hervorragendes Ruhekissen. Gegen Schlafprobleme haben sich außerdem Lavendelbäder bewährt. Hierzu können Sie die

UNTEN: Zum Trocknen werden die Lavendelstängel zu Sträußen gebündelt und an einem schattigen, warmen Platz kopfüber aufgehängt.

MITTE: Lavendel und Rosmarin eignen sich hervorragend zum Einlegen in Öl oder Essig. So lässt sich zugleich ihr Aroma gut konservieren.

RECHTS: Mit Lavendelzweigen und Rosenblütenblättern kann man durch Einlegen, z. B. in Mandelöl, auch ein wohltuendes Badeöl herstellen.

Kann Rosmarin bei uns wirklich nur im Kübel kultiviert werden?

Kugels Rat: Meine ganz persönlichen Erfahrungen mit dem Rosmarin waren zunächst geprägt von Fehlschlägen. Auf 470 m Meereshöhe wollte er im Freien einfach nicht überwintern! Seit mehreren Jahren und auch nach ganz harten Wintern klappt es jetzt dennoch. Ich habe im Frühjahr eine bereits gut verholzte Rosmarinpflanze gesetzt. Die Pflanzstelle liegt auf der Südost-Seite ziemlich dicht am Haus. Der Boden ist stark von Steinen durchsetzt und sehr mager und es kommt von Westen fast kein Regen an die Pflanzen, sodass winterliche Staunässe absolut kein Thema ist. Ich glaube, ein Kniff ist entscheidend: Vor den heftigen Frostperioden im Januar und Februar lege ich Deckreisig auf den Rosmarin als Schutz vor der austrocknenden Wintersonne. Gerade mal ein paar braune Spitzen waren die einzigen Winterprobleme!

Blüten entweder wie einen Tee aufkochen und nach dem Abseihen der Pflanzenreste ins Badewasser geben. Oder Sie hängen einfach lavendelgefüllte Baumwoll- oder Leinensäckchen ins Badewasser.

Auf dieselbe Weise lassen sich Rosmarinbäder bereiten. Rosmarin ist allerdings eher ein Muntermacher: Er fördert die Durchblutung und Herztätigkeit, bringt den Kreislauf in Schwung und lindert Beschwerden bei Rheuma und Gicht. Zudem soll er Gedächtnis und Konzentration fördern. Die anregende Wirkung kommt auch bei Rosmarintees zum Tragen; diese lösen außerdem Verkrampfungen im Gallen- und Darmbereich. Schwangere sollten Rosmarin jedoch höchstens sehr sparsam als Gewürz nutzen, denn eine intensivere Anwendung kann vorzeitig die Wehen fördern.

Düfte zum Wohlfühlen

Wo es um wohltuenden Duft und zugleich Dekoration in der Wohnung geht, hat Lavendel natürlich die Nase vorn. Geschickt platzierte und verteilte Lavendelsträußchen sehen überall gut aus, ob in kleinen Vasen, an Regalen aufgehängt oder locker auf Tischen und Kommo-

den drapiert. Dekorativ wirken die blauvioletten Blütentriebe auch, wenn man sie mithilfe von Blumendraht zu Kränzen formt. Mit Kamille oder duftenden Schnittrosen kann man ihnen optisch wie geruchlich passende Partner beigesellen. In Schalen oder Körbchen lassen sich dazu weitere Kräuter und duftende Blumen wie Lilien und Nelken arrangieren. Was in solch einem Duftpotpourri zusammenpasst oder eventuell auch zu viel wird, lässt man einfach die Nase entscheiden. Die bereits erwähnten Lavendelkissen müssen nicht dem Schlafzimmer vorbehalten bleiben: Mit ornamental bestickten oder hübsch gefärbten Bezügen bieten sie auch auf der Couch oder Küchenbank etwas für Auge und Nase.

Kleinere Duftsäckchen haben ihren altbewährten Einsatzort im Kleiderschrank, um Motten fernzuhalten und muffigem Geruch entgegen zu wirken. Auf der Fensterbank und im Haustürbereich können Lavendelsträuße oder -säckchen zudem manche Fliegen und ähnliche ungebetene Gäste vertreiben. Schließlich gibt es noch eine reizvolle Anwendungsmöglichkeit für Do-It-Yourself-Fans: Mit Gießseifenmasse, die es fertig zu kaufen gibt, Lavendelblüten und ein paar Tropfen Lavendelöl können Sie leicht Ihre Seife selbst machen – und Freunden mit einem individuellen Geschenk eine Freude bereiten.

Delikatessen für Feinschmecker

Artischocke, Aubergine, Brokkoli & Co.

Tomaten, Salate und Radieschen dürfen natürlich in keinem Gemüsegarten fehlen. Aber es lohnt sich, die Vielfalt im Beet und in der Küche zu erweitern. Zudem ist es sehr reizvoll, etwas ungewöhnliche Arten auszuprobieren – erst recht, wenn es sich um ausgesprochene Feinschmeckergemüse handelt.

Artischocken: schmackhafte Herzen

Majestätische, bis 2 m hohe Stauden mit silbrigen, tief geschlitzten Blättern und leuchtend blauvioletten Blütenkörben: Artischocken sind so dekorativ, dass manche Gärtner sie als Zierpflanzen anbauen. Wer die leckeren Artischockenherzen ernten möchte, muss allerdings auf den Blütenschmuck verzichten und im Spätsommer die großen, grünen Knospen ernten, solange sie noch geschlossen sind. Die Herzen bestehen aus dem zarten Blütenboden und dem unteren, fleischigen Teil der inneren Schuppenblätter. Gedünstet oder mit Kräutern in Öl eingelegt, sind sie eine wahre Delikatesse. Um sie zu freizulegen, werden die Stiele der Knospen am besten an einer Tischkante abgebrochen, damit sich die harten Fasern am Boden gut lösen.

Gelegentlich werden Jungpflanzen angeboten; andernfalls zieht man die Pflanzen im März bei 20–22 °C vor und setzt sie ab Mitte Mai nach draußen, mit 1 m Abstand. Die recht frost- und nässeempfindlichen Artischocken zieht man am besten in einem großen Kübel, um sie drinnen kühl zu überwintern. In wintermilden Regionen kann das auch draußen an einem geschützten Platz an der Hauswand gelingen. Im Spätherbst schneidet man die alten Blütenstiele zurück und deckt bei Überwinterung im Freien die Basis gut mit Laub, Stroh oder Fichtenreisig ab. Im Frühjahr erhalten die Pflanzen Kompost oder organischen Volldünger, bis zum Sommer wird ein- bis zweimal nachgedüngt. Ansonsten heißt es: regelmäßig gießen, am besten mulchen, die Sprossbasis anhäufeln und die Pflanzen, wenn nötig, stützen. Artischocken können drei bis vier Jahre genutzt werden.

grünzeug Spezial:

Köstliches zum Probieren

Gartencenter und Pflanzenversender bieten immer wieder Spezialitäten an. Nicht alles hält, was versprochen wird, aber vieles lohnt das Ausprobieren. Der mit der Aubergine verwandte Pepino z. B. lässt sich gut im Kübeln halten und bringt, genügend Sonne vorausgesetzt, süße, leckere Früchte hervor. Robuster sind Pastinaken und der mehrjährige Topinambur, die vom Herbst bis zum Frühjahr schmackhafte, gesunde Rüben bzw. Knollen liefern. Einen Versuch wert sind auch ausgefallene Blattgemüse wie etwa Pak Choi, Neuseeländer Spinat und Gartensauerampfer.

Brokkoli: knackige Röschen

Wie die Artischocke wurde auch der Brokkoli bei uns durch die italienische Küche populär. Und auch von ihm ernten wir die noch geschlossenen Blütenknospen, die hier in dunkelgrünen Köpfchen an fleischigen Stielen beisammenstehen. Die auch als Röschen bezeichneten Köpfe bereichern – gedünstet oder auch nur blanchiert – Salate, Suppen, Pasta- und Pfannengerichte. Aber auch die Blüten-

RECHTS: Der leckere, gesunde Brokkoli braucht – wie alle Kohlarten – eine gute Nährstoff- und Wasserversorgung. Davon abgesehen ist sein Anbau unkomplizierter, als manchmal befürchtet wird.

stiele, die geschmacklich an Grünspargel erinnern, und die Blätter ergeben gedünstet eine leckere Mahlzeit. Zudem gilt Brokkoli als eins der gesündesten Gemüse überhaupt und stärkt nicht nur die Immunabwehr, sondern soll auch das Risiko für Herz- und Krebserkrankungen mindern.

Brokkoli lässt sich in unserem Klima gut kultivieren und ist sogar etwas robuster als Blumenkohl. Er braucht einen gut mit Kompost versorgten, nährstoffreichen, leicht kalkhaltigen Boden, gleichmäßige Feuchtigkeit und mehrere Düngergaben. Je nach Sorte können Sie Brokkoli zwischen Februar und Juni bei 15–20 °C vorziehen, von April bis Juli pflanzen (mit 40 x 50 cm Abstand) und von Mai bis zum Herbst ernten. Es gibt sogar überwinterungsfähige Sorten wie 'Purple Sprouting', der noch im nächsten Frühjahr einige Ernten liefert. Schneiden Sie die Röschen über Sommer lieber etwas früher als zu spät, da sie bei Hitze schnell aufblühen und ungenießbar werden. Nach der Ernte der Hauptköpfchen bilden sich weitere Röschen an den Seitensprossen, besonders ausgeprägt bei der Sorte 'Calabrese'.

Aubergine: exquisite Früchte

Als Nachtschattengewächs gehört die Aubergine zur Verwandtschaft von Kartoffel, Tomate und Paprika – und ist der kälteempfindlichste Vertreter dieser Gemüse. Von sehr warmen Regionen abgesehen, empfiehlt sich deshalb die Kultur im Gewächshaus oder unter einem Folientunnel, der hoch genug ist, um die 60–120 cm hohen Pflanzen zu beherbergen. Auberginen sollten ebenso wie Paprika frühestens nach vier Jahren wieder an dieselbe Stelle gepflanzt werden. Eine gute Alternative ist die Kultur in großen Kübeln an geschützten, sonnigen Plätzen.

Gute Sorten sind beispielsweise 'Galine' und 'Madonna' mit den typischen länglichen, dunkelvioletten Früchten. Es gibt aber auch Sorten mit weißen, gestreiften sowie rundlichen Früchten. Mini-Auberginen wie 'Baby Rosanna' und 'Ophelia' eignen sich besonders gut für die Topfkultur. Zuweilen werden Jungpflanzen angeboten. Ansonsten können Sie Auberginen von Ende Februar bis April bei 20–25 °C aus Samen vorziehen. Ausgepflanzt wird frühestens Mitte Mai, in gut mit Kompost versorgten und gelockerten Boden, mit 50–60 cm Abstand.

LINKS: Kältegeschützten Anbau und gute Pflege dankt die Aubergine mit wohlschmeckenden, vielseitig verwendbaren Früchten.

MITTE: Feines Aroma, vitamin- und mineralstoffreich, kalorienarm: Der Knollenfenchel findet unter Gourmets und Gärtnern immer mehr Liebhaber.

RECHTS: Schalotten lassen sich ebenso einfach anbauen wie Küchenzwiebeln und verfeinern mit ihrer milden Schärfe viele Gerichte.

Halten Sie den Boden bis zur Fruchtausbildung gleichmäßig feucht und düngen Sie den Starkzehrer alle zwei bis drei Wochen mit Tomatendünger. Beim Anbau unter Glas empfiehlt es sich, blühende Triebe des Öfteren um die Mittagszeit zu schütteln, um die Bestäubung zu fördern. Bei starkwüchsigen, großfrüchtigen Sorten lassen Sie am besten nur drei bis vier Triebe mit je zwei Früchten stehen und brechen weitere Triebe und Fruchtansätze aus. Auberginen reifen nach und nach, ab Ende Juni bis zum Oktober. Sie eignen sich nicht für den Rohgenuss, da sie Reste eines Alkaloids enthalten. Mitsamt der Schale gedünstet, gekocht oder gegrillt sind sie jedoch gesund und sehr lecker.

Knollenfenchel: bekömmliche Gaumenfreude

Wie Brokkoli und Artischocke wurde auch der Knollenfenchel hierzulande durch die mediterrane Küche bekannt. Feinschmecker schwärmen vom fein anisartigen Geschmack der sehr bekömmlichen Knollen, etwa gedünstet zu Fisch oder als knackiger Rohkost-Snack. Damit die Pflanzen nicht vorzeitig in Blüte gehen, sollte man auf schossfeste Sorten wie 'Finale', 'Rondo' oder 'Zefa Fino' achten und nicht zu früh ins Freie säen, weil Kälte im Jugendstadium das »Schießen« fördert. Entweder ziehen Sie die Pflanzen zwischen März und Mai bei 16–20 °C vor, um sie später auszupflanzen, oder säen zwischen Mai und Juli direkt ins Beet, mit 40 cm Reihenabstand. Später müssen Sie die Pflänzchen in der Reihe auf 20 cm ausdünnen. Knollenfenchel braucht humosen, nährstoffreichen Boden und gleichmäßige Feuchtigkeit. Wenn sich die ersten Knöllchen an der Bodenoberfläche zeigen, wird angehäufelt. Je nach Saatzeit kann man die etwa faustgroßen Knollen zwischen Juli und Oktober, bis kurz vor Frostbeginn, ernten.

Schalotte: feine Würze

Die Schalotte ist eine Varietät der Küchenzwiebel und wird mit ihrem mild würzigen Aroma in Frankreich seit jeher hoch geschätzt. Sie wächst dicht horstartig mit zahlreichen Röhrenblättern und bildet nicht nur eine, sondern jeweils bis zu acht, meist spindelförmige Zwiebeln. Bewährte Sorten sind 'Ambition', 'Griselle' und 'Longor' sowie die rotschalige, rundliche 'Red Sun'. Von manchen Schalotten gibt es Samen, für die Direktsaat ins Beet zwischen März und April. Einfacher geht es mit den öfter angebotenen Pflanzschalotten, die man ab Mitte März 3–5 cm tief in den gut gelockerten Boden steckt. Sie brauchen etwas mehr Platz als Küchenzwiebeln und sollten mit 20–30 cm Reihenabstand und 15 cm Abstand in der Reihe gepflanzt werden. Erntereif werden sie im August/September, wenn die Röhrenblätter vergilben und abknicken. Die Winterschalotte 'Griselle' können Sie auch im Herbst stecken und dann bereits ab Juli ernten.

Kann man Artischockenpflanzen in Deutschland überwintern?

Kugels Rat: Ich habe das selbst ausprobiert und es geht tatsächlich! Artischockenpflanzen sind bei uns auch in Weinbaugebieten im Freien nicht winterhart – da geht absolut nichts! Pflanzen Sie die Artischockenpflanzen in einen Laubkorb mit vielen Löchern ein und versenken Sie den dann im Pflanzbeet. Im Spätherbst umstechen Sie den Korb ganz eng mit dem Spaten und trennen die Wurzeln, die aus dem Korb herausgewachsen sind, ab. Dann stellen Sie den Korb in einen etwas größeren, preiswerten Kunststofftopf und füllen mit Blumenerde auf. Die Artischockenpflanze wird bei ca. 10 °C mit Zitrus, Olive, Oleander & Co. überwintert und ab Ende April wieder mit dem Korb eingegraben

Obststräucher und Obstbäume

Leckeres nicht nur zum Naschen

Obst aus dem eigenen Garten? Die Vielfalt an Arten und Sorten lässt keine Wünsche offen. Wie praktisch, dass gerade die unkompliziertesten auch den kleinsten Platzbedarf haben. Für ein paar Beerensträucher ist in jedem Garten Platz und sogar auf dem Balkon fühlen sich Johannisbeeren in großen Kübeln wohl. Und wenn es ganz eng zugeht, so ist es bei allen Arten möglich, sie am Spalier zu ziehen. Statt einer langweiligen Thujen- oder Ligusterhecke sind eine Beerenobsthecke oder ein Spalier eine lohnenswerte Alternative.

Beerenobst

Himbeeren schmecken frisch vom Strauch gepflückt am besten. Sie brauchen einen leichten, humusreichen und am besten leicht sauren Boden. Auf schweren, nassen und kalten Lehmböden kümmern sie. Eine Kompostgabe im Frühling und eine im Spätsommer nach der Ernte reichen als Düngung vollkommen aus.

Man unterscheidet die Sorten einerseits nach der Farbe der Früchte, es gibt nicht nur rote und purpurne Sorten, sondern auch gelbe, aprikosenfarbene und sogar schwarze. Ein weiteres Kriterium ist die Erntezeit: Die sogenannten Sommerhimbeeren tragen an den zweijährigen Ruten des Vorjahrs bereits ab Ende Juni bis etwa Ende August und werden am besten an einem Spalier gezogen. Nach der Ernte werden die alten Ruten (erkennbar an der braunen Rinde) abgeschnitten, damit Platz für die neuen ist, die im nächsten Jahr genug Platz zur Entwicklung haben.

Herbsthimbeeren tragen an den einjährigen Ruten von Juli bis in den Oktober, was den Vorteil hat, dass sie nicht vom Himbeerkäfer befallen werden – madige Früchte gibt es bei Ihnen nicht. Die Ruten werden nach der Ernte komplett bis auf ein paar Zentimeter über dem Boden zurückgeschnitten.

Brombeeren gehören mit ihren meterlangen, stacheligen Trieben zwar nicht gerade zu den zahmsten Beerensträuchern, entlohnen aber mit ihren süßen Früchten. Es gibt mittlerweile etliche stachellose Sorten, die aber bis auf 'Navaho' im Aroma nicht an ihre stacheligen Vettern wie 'Theodor Reimers' heranreichen.

Die Pflege ist einfach, nach der Ernte werden die abgetragenen Ruten knapp über dem Boden zurückgeschnitten. Wichtig ist eine Mulchschicht, damit die flachen Wurzeln nicht durch Frost geschädigt werden. Verwenden Sie zum Mulchen reifen Kompost, dann brauchen Sie nicht mehr düngen. Wichtig ist eine ausreichende Wasserversorgung, denn bei Trockenheit bleiben die Früchte klein und schmecken fade.

grünzeug Spezial:

Auf die Ansprüche achten

Kulturheidelbeeren liefern im Gegensatz zu ihren Verwandten aus dem Wald eine reiche Ernte pro Strauch. Sie haben allerdings recht spezielle Ansprüche an den Standort, denn sie vertragen absolut keinen Kalk und brauchen eine saure Erde mit niedrigem pH-Wert. Wenn Sie die in Ihrem Garten nicht haben, können Sie die Heidelbeeren aber ganz einfach in einen großen Kübel mit einem Volumen von mindestens 30 Litern pflanzen. Als Erde kommt Rhododendron- oder Moorbeeterde zum Einsatz. Achten Sie beim Düngen darauf, spezielle, sogenannte sauer wirkende Dünger zu verwenden. Pro Strauch können Sie mit einem Ertrag von mehreren Kilogramm Beeren rechnen.

Bei **Johannisbeeren** unterscheidet man zwei Arten – die Rote Johannisbeere, von der es rot- und weißfrüchtige Sorten gibt, und die Schwarze Johannisbeere. Beide lassen sich am Spalier oder in Büschen ziehen – oder platzsparend als Hochstämmchen. Alle paar Jahre schneidet man die ältesten Triebe bodennah heraus, damit sich

der Strauch verjüngen kann. Den höchsten Ertrag haben zwei- bis dreijährige Triebe. Nach dem Pflanzen und vor allem während die Früchte reif werden, ausreichend gießen, sonst »verrieseln« sie, das heißt, ein Teil der Früchte fällt ab. Bei den Roten Johannisbeeren sind die Sorten 'Jonkher van Test' und 'Rolan' besonders empfehlenswert, die 'Weiße Versailler' darf nicht fehlen und eine besonders milde schwarze Sorte ist 'Ometa'.

Stachelbeeren sind zwar etwas mühsam zu ernten und der Amerikanische Stachelbeermehltau hat sie zu Raritäten in unseren Gärten gemacht, aber trotzdem sollte man auf die Früchte mit ihrem süß-säuerlichen Aroma nicht verzichten. Stachelbeeren vertragen keine pralle Sonne und fühlen sich im lichten Halbschatten wohler. Praktisch: Bei Hochstämmchen und am Spalier gezogenen Pflanzen ist die Ernte besonders leicht.

RECHTS: Himbeeren werden in Sommer- und Herbsttragende Sorten eingeteilt. Wenn Sie mehrere Sorten pflanzen, können Sie von Ende Juni bis spät in den Oktober immer frische Früchte ernten.

Empfehlenswert für den Garten sind relativ mehltauresistente Sorten wie 'Crispa' und 'Hinnonmäki' sowie stachellose Sorten in Grün und Rot aus der 'Easycrisp'-Sortenserie.

Obstbäume

Wer genug Platz hat, sollte unbedingt einen Obstbaum pflanzen. Ein klassischer Hochstamm wird nach ein paar Jahren mit einem Kronendurchmesser von 10–15 m für einen normalen Reihenhausgarten viel zu groß, trotzdem braucht man nicht auf eine eigenen Apfel-, Birn- oder Kirschbaum verzichten. Denn bei Obstbäume beeinflusst nicht nur die Sorte den Wuchs (und die Wuchskraft), sondern auch die Unterlage (also der Wurzelstock), auf den die Kultursorte veredelt wird. Es gibt heute viele Unterlagen, die die Wuchskraft der Sorten in Zaum halten und mit denen die Bäume so klein bleiben, dass der Platz kein Problem ist. Eine weitere Möglichkeit ist die Erziehung an einem Spalier an der Hausfassade oder als niedrige Obsthecke im Gemüsegarten.

Süßkirschen sind besonders für wärmere Gegenden geeignet. Ist es zu kalt, fallen die Früchte vorzeitig ab. Die meisten Sorten brauchen eine andere Sorte oder eine wilde Vogelkirsche zur Bestäubung der

Blüten. Neuere Züchtungen wie 'Celeste' sind selbstfruchtbar. Lassen Sie sich in einer Baumschule vor Ort beraten, welche Sorten sich für ihre Region am besten eignen.

Sauerkirschen sind weniger anspruchsvoll und auch nicht so spätfrostgefährdet wie Süßkirschen. Eine nicht ganz so »saure« Sorte

LINKS: Johannisbeeren lassen sich leicht als Hochstämmchen ziehen. Unter ihnen kann Gemüse angebaut werden: Ernten auf zwei Etagen also!

RECHTS: Ab August geht die Erntesaison im Garten richtig los. Äpfel, Birnen, Pflaumen, Zwetschgen und Quitten können jetzt geerntet werden.

Ist ein Baumpfahl eigentlich wichtig?

Kugels Rat: Denken Sie beim Pflanzen eines Obstbaumes an einen stabilen Pfahl, der passend im Verhältnis zur Stammdicke aussehen sollte. Ein 15 cm dicker Pfosten sieht nicht gut aus, aber ein nur 2 cm dickes krummes »Ding« auch nicht. Schlagen Sie den Pfahl direkt beim Pflanzen ein – ich mache das immer so –, denn nachträglich den bereits gepflanzten Baum anzupfählen ist kompliziert und man läuft Gefahr, beim Einschlagen des Pfahles den Baum zu verletzen.

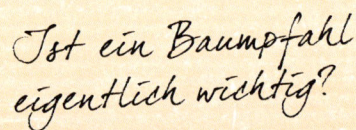

ist 'Morina', besonders gute Erträge bringt 'Safir'. Am Spalier lassen sich nur Sorten ziehen, die an den Kurztrieben fruchten wie 'Morina'.

Äpfel gehören mit über 3 000 Sorten zu den vielseitigsten Obstarten überhaupt. Die meisten fühlen sich in kühleren Regionen am wohlsten, in denen es auch im Sommer nicht zu trocken ist. Wichtig sind ein luftiger Standort und eine lichte Krone, damit die Blätter nach Regen schnell wieder abtrocknen. Empfehlenswerte Sorten, die in allen Regionen gut gedeihen, sind 'Alkmene', 'Glockenapfel' und 'Rubinola'.

Birnen sind klassische Spalierobstbäume und fühlen sich in der Wärme vor einer schützenden Mauer oder Hauswand besonders wohl. Für den Garten eignen sich besonders schorf- bzw. feuerbrand-

resistente Sorten wie 'Conference', 'Concorde' und 'Harrow Sweet'. Wenn Birnen während der Fruchtreife zu trocken stehen, werden die Früchte hart und fallen vorzeitig ab.

Pflaumen, Zwetschgen, Mirabellen und Renekloden haben im Gegensatz zu Äpfeln und Birnen kein Kerngehäuse, sondern zählen zum Steinobst, haben also nur einen einzigen steinharten Samenkern. Sie stammen von zwei Wildarten ab, die mittlerweile so oft untereinander gekreuzt wurden, dass die Grenzen fließend geworden sind.

Tipp: Alle Arten nur im Frühling schneiden bzw. Auslichten und überzählige Früchte ausdünnen, damit sich die am Baum bleibenden richtig entwickeln können.

Holunderblüten

Heilsame und schmackhafte Zubereitungen

Im phänologischen Kalender, der sich an der wetterbedingten Entwicklung der Natur orientiert, ist die Holunderblüte ein wichtiges Ereignis: Sie markiert den Eintritt des Frühsommers, je nach Region und Witterungsverlauf meist zwischen Mitte Mai und Mitte Juni. Rund drei Monate später wird der Holunder erneut zur Kennpflanze: Gegen Ende August zeigen seine blauschwarzen Früchte den Eintritt des Frühherbsts und somit das Ende des Sommers an.

Doch bis dahin ist noch viel Zeit, wenn sich der Holunder mit seinen großen Blütendolden in weiße Wolken hüllt. Den intensiven Blüten-

duft finden manche etwas streng, andere geradezu betörend. Doch selbst Skeptiker kommen schnell auf den Geschmack, wenn sie die angenehm süßen Holunderblüten einmal als kulinarischen Genuss ausprobieren.

Apotheke der Bauerngärten

Der Schwarze Holunder *(Sambucus nigra)*, mancherorts auch als Holler, Holder oder Flieder bekannt, wächst wild in Europa und Vorderasien, vom Tiefland bis in die Mittelgebirgslagen. Schon seit alters wird er auch als Nutz- und Zierstrauch kultiviert. Er fehlte früher in kaum einem Bauerngarten, denn er war als »Hausapotheke der Bauern« hoch geschätzt. Seine Blüten wurden gegen Husten und Fieber eingesetzt, ebenso gegen Scharlach, Rheuma und Gicht. Beeren und Saft fanden u. a. Verwendung bei Entzündungen der Mundhöhle, die Blätter bei Prellungen und die Rinde als Abführmittel. Einige dieser heilenden und lindernden Wirkungen konnte auch die moderne Medizin bestätigen. In der heutigen Pflanzenheilkunde nutzt man in erster Linie die Blüten.

grünzeug Spezial:

Teilweise unbekömmlich

Blätter und Rinde sollte man besser nicht verwenden, denn sie enthalten Giftstoffe, die schwere Magen-Darm-Störungen hervorrufen können. Zumindest empfindliche Verdauungsprobleme verursachen auch rohe Holunderbeeren; doch nach Verarbeitung zu Marmelade, Gelee oder Saft werden die vitaminreichen Beeren, die streng genommen kleine Steinfrüchte sind, gut bekömmlich und sehr lecker.

Der Holunder schmückte aber auch viele bäuerliche Anwesen, weil man hoffte, dass er vor Blitzschlag, Feuer und böser Magie schützt. Man vermutete in ihm sogar den Sitz von allerlei guten Geistern und Hausgöttern. Das lässt sich auf einen Glauben der alten Germanen zurückführen: Für sie war der stattliche Strauch die Heimstatt der gütigen Göttin Holla – die in den Märchen der Brüdern Grimm zur Frau Holle wurde und nach der vermutlich der Holunder oder Holler seinen Namen erhielt.

RECHTS: Meist gegen Ende Mai beginnt die Erntezeit: Dann öffnet der Holunder im langjährigen Durchschnitt seine Blüten. Warten Sie ein paar sonnige, trockene Tage ab, um die Dolden zu schneiden.

Blütenernte und -aufbereitung

Wer besonders Wert auf Holunderblüten und -früchte legt, beschränkt sich nicht nur aufs gelegentliche Auslichten der Sträucher. Werden Triebe, die bereits gefruchtet haben, im Herbst kräftig zurückgeschnitten, bilden sich immer wieder zahlreiche Neutriebe, die reichlich Blüten und Beeren bringen. Die überschaubaren Mengen, die normalerweise für Blütenzubereitungen benötigt werden, mindern eine spätere Fruchternte nur wenig.

Schneiden Sie die aufgeblühten Dolden möglichst nur bei trockenem, sonnigem Wetter, vorzugsweise am späten Vormittag. Stecken Sie sie nicht in eine Plastiktüte, in der sie schnell verderben; zum Sammeln und Transportieren kommen sie besser locker geschichtet in einen Korb oder breiten Karton. Sie sollten bald verwertet werden. Als Erstes

schüttelt man die Dolden aus, um kleine Insekten in den Blüten loszuwerden. Auf Waschen sollte man verzichten, das mindert das flüchtige Blütenaroma.

Die Blüten kann man für Tees oder zum Konservieren trocknen, an einem schattigen, luftigen, warmen Ort und am besten ausgebreitet auf einem Gitterrost. Schneller geht das in einem Backofen bei 20–30 °C und leicht geöffneter Tür; hier trocknen die Blüten schon nach wenigen Stunden. Danach entfernt man die gröbsten Stiele und bewahrt die Blüten in dunkel getönten, luftdicht verschließbaren Schraubgläsern an einem kühlen Platz auf.

Gesunde Tees und Milchgetränke

Vor allem für Tees eignen sich die getrockneten Blüten am besten, da ihre Wirkstoffkonzentration höher ist als bei frischen. Holunderblütentee hilft bei Husten und Bronchitis, wirkt schweißtreibend und kann so auch Fieber lindern. Zum Zubereiten überbrüht man zwei bis drei Teelöffel (3–4 g) Blüten mit einem ¼ l kochendem Wasser und lässt den Tee rund zehn Minuten ziehen. Er sollte möglichst heiß getrunken werden, nach Belieben mit Honig gesüßt. Auf dieselbe Weise lassen sich Dampfbäder zum Inhalieren zubereiten; sie lindern Atemwegserkrankungen und mindern Probleme mit unreiner Haut.

Als bewährtes Mittel gegen Schlafstörungen gilt warme Holundermilch, die aus frischen Blüten zubereitet wird. Man kocht dazu zwei bis drei Blütendolden in einem ½ l Milch auf, lässt das Ganze etwas durchziehen, nimmt die Dolden heraus und rundet den Geschmack mit etwas Honig oder Rohrzucker und einer Prise Vanille oder Zimt ab.

Leckerer Holunderblütensirup

Schon ein oder zwei Handvoll frische Holunderblüten geben Getränken und Desserts eine besondere Note. Wasser, Mineralwasser, Obstsäfte oder Milch sind geeignete »Rohstoffe«; Zitronen, Limetten, Orangen, Zitronenmelisse, Minze sowie etwas Zucker ideale Begleitzutaten. Mit etwas Probierfreude können Sie aus diesen Komponenten zahlreiche leckere Kreationen bereiten, von Fruchtlimonaden über Milchshakes bis hin zur Holundercreme. Und mit Sekt, Prosecco oder Weißwein lässt sich die Palette beispielsweise mit Cocktails und Longdrinks erweitern.

Das alles gilt auch für den Holunderblütensirup, der sich noch gezielter und vielfältiger verwenden lässt, beispielsweise auch, um Joghurt, Quark oder Pfannkuchen zu »verfeinern«. Für solch einen Sirup kursieren etliche Rezepte, die sich aber oft nur in Feinheiten unterscheiden. Die Zutaten für ein bewährtes »Basisrezept«: 10–12 frische

Kann ich in meinen Reihenhausgarten, der nur 8 m breit ist, Holundersträucher pflanzen?

Kugels Rat: Davon würde ich in einen solch kleinen Garten abraten. Die Holundersträucher werden freiwachsend 4–5 m hoch und bedrängen benachbarte Pflanzen sehr, den sie sind extrem konkurrenzstark.
Wenn Holundersträucher in kleine Gärten gepflanzt werden, dann brauchen sie einen regelmäßigen, fast brachialen Rückschnitt. Die Pflanzen vertragen den Eingriff durch Schere oder Säge völlig problemlos, und die Blütenbildung bzw. der Fruchtertrag

werden eher gefördert durch den regel- mässigen Rückschnitt. Freiwachsend sind Holundersträucher also wirklich nur was für größere Gärten, z. B. in natürlich wachsenden Vogelschutzhecken. Doch wenn ich nochmal genau nachdenke, fällt mir doch noch was für den Reihenhausgarten ein – die rotblättrige Holundersorte 'Black Beauty', sie wird nur ca. 3 m hoch und breit. Sie besticht durch das schwarz-rote Laub, bezaubernde rosa Blüten und einen ganz normalen Fruchtbehang. Eine echte Alternative für kleinere Gärten!

Holunderblütendolden, 50 g Zitronensäure (ersatzweise zwei bis drei ungespritzte, klein geschnittene Zitronen), 1 kg Zucker, 1 l Wasser. Zunächst kocht man das Wasser mit dem Zucker auf, gibt die zuvor in heißem Wasser aufgelöste Zitronensäure hinzu, lässt das Ganze nochmals kurz aufkochen und dann abkühlen. Nun werden die Holunderblüten zugegeben. Anschließend lässt man das gut abgedeckte »Blütenwasser« zwei bis drei Tage ziehen. Zum Schluss gibt man alles durch ein Sieb und füllt die Flüssigkeit in Flaschen. Kurzes Aufkochen nach dem Absieben verbessert die Haltbarkeit; dabei können Sie den Sirup auch nochmals mit Zucker und Zitronensäure abschmecken.

LINKS: Ein paar Handvoll Holunderblüten und etwas Zitrone oder Limette verleihen Cocktails und anderen Getränken frischen, fruchtigen Pep.

RECHTS: In Teig ausgebackene Blütendolden sind eine Delikatesse und können mit Obst oder Vanilleeis als Dessert gereicht werden.

Allerlei Köstlichkeiten

Mit denselben Zutaten, wie beim Sirup beschrieben, erhalten Sie erfrischenden Holundersaft, wenn Sie weniger Zucker (rund 300 g) und etwas mehr Wasser verwenden. Und wenn Sie auf 1 l Wasser 1 l Korn oder Wodka hinzufügen, wird daraus ein leckerer Likör. Nach den üblichen Grundrezepten für Gelees lässt sich außerdem ein köstliches Holunderblütengelee bereiten. Dafür empfehlen sich als Zutaten – neben dem unverzichtbaren Gelierzucker – der Saft von ausgepressten Zitronen und Orangen sowie etwas Apfelsaft oder Weißwein.

Ein besonderes Geschmackserlebnis bieten Holunderblüten in einem knusprigen Teigmantel aus Mehl, Eiern, Milch, Öl und einer Prise Salz. Diese Hülle wird schön knusprig, wenn man sie in heißem Fett goldbraun ausbäckt. Für die klassischen »Hollerküchle« braucht es außerdem noch etwas Vanille im Teig und Puderzucker zum Bestäuben – ein Leckerbissen mit frischem Obst wie Himbeeren oder Erdbeeren, ebenso mit Apfel- oder Pflaumenmus.

Kiesbeete im Garten

Blütenpracht fast ohne Gießen

Kiesbeete kommen immer mehr in Mode, was daran liegt, dass sie viele positive Aspekte in der Gartengestaltung miteinander kombinieren. Sie sind pflegeleicht und fast das ganze Jahr attraktiv. Sie sind mehr als eine willkürliche Ansammlung trockenverträglicher Pflanzen, sondern überaus lebendige Pflanzengesellschaften. Der größte Vorteil eines Kiesbeetes besteht darin, dass es, im Gegensatz zur pflegeintensiven klassischen Stauden-Border nach englischem Vorbild viel weniger Pflege braucht. Wohlgemerkt, weniger, denn ganz ohne das gelegentliche Eingreifen der gärtnernden Hand kommt auch ein Kiesgarten nicht aus.

In einem Kiesbeet wachsen aber nicht nur trockenheitsverträgliche Pflanzen, die auch mit nährstoffarmen Böden zurechtkommen. Kies,

Steine, Sand und Schotter können auch als Gestaltungselement und Mulchmaterial eingesetzt werden. Dann gedeihen in der darunter liegenden normalen Gartenerde auch üppig blühende Prachtstauden oder sattgrüne Blattschmuckgewächse.

Anlage eines Kiesbeetes

Ein Kiesbeet können Sie (fast) überall im Garten anlegen. Je sonniger und trockener der Untergrund ist, desto weniger aufwendig ist die Vorbereitung des Bodens. An Stellen, die verdichtet sind, sehr nährstoffreich oder feucht, muss der Boden mit Sand und Kies »abgemagert« werden, da er für die typischen Kiesgartenpflanzen zu »fett« ist.

Dazu wird die oberste, humus- und nährstoffreiche Bodenschicht abgetragen und mit einem Gemisch aus dem vorhandenen Boden, Kies, Sand und Schotter aufgefüllt. Wenn der vorhandene Boden erhalten bleibt und der Kies nur zur Abdeckung verwendet wird, entfällt das Abtragen natürlich.

Da der Kies später zwischen den Pflanzen durchblitzen soll und auch Teile der Fläche von Bewuchs frei bleiben sollen, ist es ratsam, sich bei der Wahl von Sand, Steinen und Schotter ausgiebig zu informieren. Einerseits sollte sich das Material gut in den vorhandenen Garten einfügen, sonst wirkt das Kiesbeet wie ein Fremdkörper. In einem norddeutschen Garten mit schwarzgrauem Sandboden sieht ein Kiesbeet mit ockergelbem Kalkschotter einfach deplatziert aus. Material aus der Region ist immer die bessere Wahl, zumal es durch die kürzeren Transportwege auch noch günstiger in der Beschaffung ist.

Ein weiterer Aspekt, der nicht vernachlässigt werden sollte, ist die unterschiedliche Wirkung von Schotter und Sand bei Trockenheit und Sonne bzw. Regen und Nässe. Viele Steine, die in trockenem Zustand hellgrau oder fast silbrig sind, werden bei Benässung dunkelgrau bis fast schwarz. Wie beim Kauf von Platten für Wege und Sitzplätze sollte man bei der Auswahl eine Flasche Wasser mitnehmen, um zu sehen, wie das Material in nassem Zustand aussieht.

Die Pflanzen

Die Auswahl an trockenliebenden Pflanzen für ein Kiesbeet ist riesig. Bei den Stauden und Zweijährigen sind als Solitäre Palmlilie *(Yucca)* und die Königskerze *(Verbascum)* mit ihren silbrigen Blattrosetten wunderbar geeignet. Auch die verschiedenen Fetthennen *(Sedum)*, Woll-Ziest *(Stachys byzantina)*, Junkerlilie *(Asphodeline)*, Astern und Wolfsmilch *(Euphorbia myrsinites* und *E. sequeriana)* sowie Lein *(Linum flavum, L. perenne, L. narbonense)* und Edeldisteln *(Eryngium)* fühlen sich auf trockenen, sonnigen Standorten wohl. Im Mai/Juni recken Schwertlilien (Iris-Barbata-Hybriden) ihre Blüten über den schwertförmigen Blättern in die Sonne.

Ergänzt wird das Ganze durch verschiedenste mediterrane Kräuter und Halbsträucher wie Lavendel, Rosmarin, Thymian, Ysop und Berg-Bohnenkraut. Auch der immergrüne Salbei darf nicht fehlen. Blauraute *(Perovskia)* und Heiligenkraut *(Santolina)* wachsen ebenfalls halbstrauchig und können im Frühjahr zurückgeschnitten werden, damit sie nicht auseinanderfallen.

Wenn das Beet groß genug ist, können Sie auch größere Sträucher pflanzen. Gut geeignet sind Sommerflieder *(Buddleja)*, Blasenstrauch *(Colutea)*, Ginster *(Genista)* und Buschklee *(Lespedeza)*. Die beiden Letztgenannten sind nicht allzu langlebig und sollten nach ein paar Jahren durch jüngere Exemplare ersetzt werden.

Neben den Stauden sind Gräser echte Stars im Kiesbeet. Besonders schön sind Reitgras *(Calamagrostis)*, Schwingel *(Festuca)*, Federgräser *(Stipa* und *Nasella)*, Blaustrahlhafer *(Helictotrichon)* und das Goldbartgras *(Sorghastrum)*. Den Blütenreigen im Frühling eröffnen die verschiedenen Zwiebelblumen wie Krokus, Zier-Lauch *(Allium)*, Wild-Tulpen, Zwiebeliris und Milchstern *(Ornithogalum)*.

In einem Kiesbeet können aber nicht nur mehrjährige Stauden, Gräser und Sträucher gepflanzt werden, auch viele Einjährige oder kurzlebige Stauden finden im warmen, trockenem Boden ideale Wachstumsbedingungen. Besonders gut geeignet sind der Kalifornische Goldmohn *(Eschscholzia)*, die Prachtkerze *(Gaura)*, das Patagonische Eisenkraut *(Verbena bonariensis)* und das einjährige Hasenpfötchen *(Lagurus ovatus)*.

Bepflanzung

Nachdem das Beet vorbereitet wurde, geht es ans Pflanzen. Ein Pflanzplan hilft dabei festzulegen, welche Pflanze wohin soll und vor allem, den Bedarf an Pflanzen zu ermitteln. Je nach Art, Wuchs und Form werden eine, drei oder sogar bis zu fünfzehn Pflanzen pro Quadratmeter benötigt. Vor dem Pflanzen werden die Stauden und Gräser auf der Fläche ausgelegt, also dort abgestellt, wo sie später gepflanzt werden. So kann man mit etwas Fantasie abschätzen, wie das Beet aussieht.

Der beste Zeitpunkt zur Bepflanzung ist der Frühherbst, etwa im September/Oktober. So können die frischgepflanzten Stauden nicht nur noch ein paar Wurzeln bilden und so besser durch den Winter kommen, sie legen im Frühling mit voller Kraft los und sorgen bereits im ersten Jahr für eine üppige Blüte. Ein weiterer Vorteil der Herbstpflanzung ist, dass gleichzeitig jede Menge Zwiebelblumen, die im Frühling und Frühsommer blühen, mitgesetzt werden. Sie können sogar unter die anderen Stauden und Gräser gesetzt werden, sodass sie im April/Mai durch deren Wurzeln hindurch wachsen und blühen. Wenn sich nach der Blüte das Laub zurückzieht, übernehmen die Stauden und es bleiben keine Lücken im Beet.

Pflege

Im ersten Jahr nach der Pflanzung sollte bei längeren Trockenperioden und vor allem im Frühjahr zum Anwachsen gelegentlich gewässert werden. Ansonsten beschränkt sich die Pflege auf das gelegentliche Auslichten, Entfernen abgeblühter Blütenstände von Pflanzen, deren natürliche Ausbreitung durch Samen in Zaum gehalten werden soll und das auszupfen von Unkraut und wild aufgekommenen Sämlingen. Besonders kurzlebige Stauden wie das beliebte Patagonische Eisenkraut oder die Präriekerze, aber auch manche Gräser wie das Perlgras samen sich leicht aus und »wandern« mit der Zeit durch den ganzen Garten. Das ist einerseits durchaus reizvoll, denn das Beet ändert so im Laufe der Zeit sein Gesicht und sieht jedes Jahr anders aus, andererseits gibt es aber auch weniger konkurrenzstarke, aber trotzdem attraktive Arten, die so in Bedrängnis geraten.

Trittplatten und Wege

Damit Sie auch einmal durch das Beet laufen können, zur Pflege oder einfach, um sich an den Blumen zu erfreuen, sollten Sie auch ein paar Trittplatten verlegen. Am schönsten sieht es aus, wenn sie aus demselben Material sind wie der Kies und Schotter im Beet.

Pflanzen für den Kiesgarten

Viele typische Kiesgartenbewohner stammen aus mediterranen Regionen, aber auch aus den trockeneren Gebieten Südwestamerikas, Australien und Südafrika. Unter ihnen sind so bekannte Kräuter wie Thymian, Rosmarin, Lavendel und Oregano. Aber auch viele andere warten mit aromatisch duftenden Blättern auf, selbst wenn sie in der Küche keine Verwendung finden – Beispiele dafür sind u. a. Blauraute, Bartblume und Currykraut. Auch viele Zwiebelblumen und Knollenpflanzen sind ursprünglich Bewohner dieser Trockengebiete und überdauern mit ihren unterirdischen Speicherorganen regenarme Zeiten. Besonders natürlich wirken unverfälschte, so genannte Botanische Arten wie die Weinberg-Tulpe (*Tulipa sylvestris*), die Junkerlile (*Asphodeline lutea*), Milchstern (*Ornithogalum*) und die vielen Zwerg-Iris-Sorten (*Iris*-Barbata-Nana-Hybriden). Als Solitäre machen Palmlilien (*Yucca*) und Königskerzen (*Verbascum*) immer eine gute Figur.

Sind Kiesbeete nur eine Modeerscheinung?

Kugels Rat: Nein, das glaube ich nicht. Diese Pflanzbeete sind im Prinzip Nachbildungen von Prairiebeeten aus der nordamerikanischen Steppe. Volle Sonne, karge Böden, harte Winter, wenig Pflegeaufwand – das sind die Kennzeichen der »Originale« – und gerade solche Extremstandorte gibt es ja auch in unseren Gärten, wenn sie z. B. am Hang voll nach Süden ausgerichtet sind.

Mein Kiesbeet im eigenen Garten ist ein solches Steppenbeet, mit dem ich seit 10 Jahren immer neue Erfahrungen mache. Manche Pflanzen gedeihen prächtig – die Katzenminze, Bartiris, Mädchenauge und das Brandkraut gehören dazu. Andere wollten nicht so recht bei mir, und ich habe sie durch andere Pflanzen ersetzt – das Perlkörbchen, die Walzenwolfsmilch und der Alant fühlten sich bei mir eben nicht wohl. Meine gemischten Erfahrungen sind ganz normal, denn Kiesbeete sind ja Minilandschaften auf engstem Raum – von Weite der Prairie kann ja keine Rede sein. Es reicht oft schon ein Baum, der für 3-4 Stunden am Tag zu viel Schatten wirft, oder das Erdsubstrat hat an einer Stelle doch noch zu viel Feuchtigkeit, weil die Entwässerung zu schlecht ist ... Solche Faktoren können der Grund für einzelne Pflanzenprobleme sein.Mein Kiesbeet ist auf jeden Fall optisch ein echter »Hingucker«, weil von April bis Oktober immer etwas blüht und der Pflegeaufwand hält sich wirklich in Grenzen.

LINKS: Blauer Lein *(Linum perenne)* blüht von Juni bis August und wird etwa 25 cm hoch. Es gibt auch eine weiß blühende Sorte.

RECHTS: Königskerzen *(Verbascum)* sind die Stars im Kiesgarten. Im ersten Jahr bilden sie eine silbrige Blattrosette, im zweiten dann den hohen Blüten-trieb.

UNTEN: Silberährengras *(Stipa calamagrostis* 'Algäu') entfaltet im Kies- und Präriegarten seine ganze Pracht.

grünzeug Spezial:

Die Blätter verraten es

Silbrige und/oder behaarte Blätter sind eine Anpassung an heiße, trockene Standorte, denn sie vermindern die Verduns-tung. Daher sind sie ein gutes Erkennungsmerkmal für poten-zielle Kiesgartenkandidaten beim Pflanzenkauf

Natürlich gewachsen: Trockenmauern

Stein auf Stein zum Biotop

Trockenmauern sind Mauern, bei denen die Steine ohne Mörtel aufeinander geschichtet werden. Sie können mit verschiedensten Pflanzen begrünt werden und bieten zahlreichen Nützlingen wie Mauerbienen und Steinhummeln, Eidechsen, Blindschleiche, Laufkäfern und anderem Getier Unterschlupf. Da Trockenmauern nicht versiegelt sind, sind sie zum Terrassieren und Abfangen von Hängen besonders gut geeignet, denn es kann sich hinter ihnen kein Wasser stauen – und die Mauer bei Frost einstürzen lassen. Trockenmauern sind aber mehr als nur Hangbefestigungen. Sie können als Sitzmauer dienen oder einen Senkgarten einfassen, frei stehende Mauern teilen den Garten in unterschiedliche Bereiche ein.

Auch wenn das Aufschichten einer Trockenmauer ganz schön anstrengend ist, so kann eine niedrige Mauer bis zu einer Höhe von etwa 1 m durchaus selbst gebaut werden, wenn man handwerklich versiert ist. Bei höheren Mauern ist es ratsam, einen Fachmann hinzuzuziehen, damit die Standfestigkeit gewährleistet ist. Ab 2 m Höhe ist ein Standsicherungsnachweis durch einen Statiker zwingend notwendig. Auch wenn die Mauer nicht unmittelbar an oder auf der Grenze stehen soll, so ist es doch immer besser, vor dem Bau mit den Nachbarn zu sprechen.

Bevor es losgeht

Da es bei einer Trockenmauer mit ihren unterschiedlich geformten und großen Steinen ganz besonders darauf ankommt, dass jeder Stein an die richtige Stelle kommt, ist es empfehlenswert, die Steine vor dem Schichten vorzusortieren.

Bevor es ans Aufschichten geht, muss für das Fundament der Mauer ein Graben ausgehoben werden, der zu gut zwei Dritteln mit groben Schotter gefüllt wird. Nach dem Verdichten des Schotters können die Basissteine aufgelegt werden. Dieses sind die größten Steine und solche mit nur einer gerade Fläche. Größere werden bis zur Hälfte in der Erde versenkt, die flache Seite nach oben, die bucklige nach unten oder hinten. Die sogenannten Legesteine oder Läufer werden vor dem Schichten auf einer Fläche ausgelegt, damit Sie sie von allen Seiten betrachten können – so fällt die Auswahl später leichter. Sie sollten zwei- bis dreimal so lang wie hoch sein, 15–20 cm hoch, eine gerade Ansichtsfläche und möglichst parallele Ober- und Unterseiten haben.

grünzeug Spezial:

Der beste Platz

Trockenmauern bieten vielfältige Gestaltungs- und Bepflanzungsmöglichkeiten. Freistehend können sie als Gliederungselement im Garten gebaut werden, den Garten also in unterschiedliche Bereiche einteilen, und sie dienen natürlich zum Abfangen von Hang- und Schräglagen. Am vielfältigsten zum Bepflanzen sind sonnig-warme, nach Süden, Südwesten und Südosten ausgerichtete Mauern, bei freistehenden Mauern haben Sie sogar die Möglichkeit, sonnige und schattige Lebensräume zu schaffen.

Wenn die Mauer zum Abstützen eines Hanges dienen soll, brauchen Sie auch noch sogenannte Durchbinder, das sind mindestens 60 cm lange Steine, die quer zur Mauer in den Hang gelegt werden und die Mauer mit dem Erdreich verbinden. Zum Ausfüllen der Hohlräume und größerer Spalten eignen sich Keilsteine oder Zwickel, das sind keilförmige Steine, die in die Spalten größerer Steine geschlagen werden. Sie fallen ohnehin beim Zuschlagen größerer Steine an.

Das Abfallmaterial der Mauer oder billigere Steine dienen als Füllmaterial zur Hinterfüllung der Mauer, zusätzlich kann Dränageschotter (Körnung 16–32 mm) eingebracht werden. Das Erdreich sollte nicht direkt an die Mauer gefüllt werden, da es sich im Winter beim Durchfrieren ausdehnt und die Mauer nach vorne gedrückt wird. Wer ganz sicher gehen will, legt zwischen Erdreich und Dränage noch ein Geotextil-Vlies, das ein Einschlämmen von Erde in die Mauer bzw. Dränage bei Dauerregen verhindert.

Als Abschluss der Mauer kommen besonders schöne, große flache Steine mit einer schönen Ansichtsseite zum Einsatz. Sie verhindern, dass Regen und Schmelzwasser in die Mauer eindringen. Wichtig: Sie müssen so schwer sein, dass sie durch das Eigengewicht satt und fest liegen und nicht verrücken.

Materialbedarf

Pro Quadratmeter Mauer sollten Sie mit ca. 350 kg Steinen rechnen. Das Material für die Hinterfüllung berechnen Sie nach folgender Formel:
- Mauerhöhe in Metern x Mauerlänge in Metern x 0,6 = Hinterfüllung in Quadratmetern.

Für eine 5 m lange und 1 m hohe Mauer brauchen Sie also 3 m³ Füllsteine oder Dränageschotter.

RECHTS: Das Seifenkraut ist eine ideale Steingartenstaude für sonnige und trockene Bereiche. Es gibt mehrere Sorten von Weiß über Rosa bis Rot, jeweils mit hübschem hellerem Auge.

Werkzeug zum Bau einer Trockenmauer

- Schaufel
- Spaten
- Spitzhacke
- Rechen
- Schubkarre
- Sackkarre
- Fausthammer (1–1,5 kg)
- Maurerhammer
- Meißel
- Handstampfer oder Rüttler (kann im Baumarkt ausgeliehen werden)
- Latten und Richtschnur
- Lederhandschuhe
- Schutzbrille
- Schuhe mit Stahlkappen
- Bandmaß
- Wasserwaage (lang, mit 2 Libellen)

Vorarbeiten

Damit Sie genug Platz zum Aufschichten der Mauer haben, muss der Hang vorher abgegraben werden. Das Fundament der Mauer sollte doppelt so tief sein wie die Steine hoch sind. Für 20 cm hohe Steine brauchen Sie also ein 40 cm tiefes Fundament. Die Breite der Mauer ist abhängig von der Höhe, sie sollte mindestens ein Drittel bis die Hälfte der Höhe betragen. Tipp: Heben Sie das Fundament etwas breiter aus, dann haben Sie mehr Spielraum zum Rücken der Steine.

Grundregeln beim Schichten der Steine

Setzen Sie immer möglichst gut zueinanderpassende Steine aufeinander, die satt aufliegen und nicht wackeln. Steine, die bereits Risse zeigen, werden aussortiert! Sie würden im ersten Winter bei Frost gesprengt werden. Die Steine werden in ihrer natürlichen Schichtung gelegt. Die Betonung liegt auf »legen«. Vermeiden Sie es, die Steine auf die Mauer zu werfen oder zu wuchten, das kann dazu führen, dass sich darunterliegende Schichten lockern. Baut man die Steine senkrecht ein, bieten sie eine Angriffsfläche für Sickerwasser und auch sie werden bei Frost gesprengt. Beim Legen darf auch kein Splitt oder anderes loses Material zwischen den Steinen liegen, denn es würde wie ein Kugellager wirken – die Steine könnten sich sonst leicht verschieben. Manchmal reicht es, auf der Unter- oder Oberseite eines Steins eine Nase abzuschlagen und schon passen die Legsteine perfekt aufeinander. Der Fugenabstand sollte so schmal wie möglich sein und es dürfen keine senkrechten Fugen nach oben »durchlaufen«. Sie sind der Stabilität der Mauer abträglich. In die größeren Fugen und Spalten werden, um die Mauer unter Spannung zu

setzen – nur so bleibt sie stabil – Keilsteine eingeschlagen. Die Hohlräume sollten bevorzugt auf der Rückseite der Mauer liegen, dann müssen die Zwickel auch nicht bündig mit der Mauer abgeschlagen werden. Nach jeder Reihe neuer Steine wird die Rückseite mit Bruchsteinen und Dränage hinterfüllt und dieses Material verdichtet. Ein Lattengerüst mit einer Richtschnur sorgt dafür, dass die Mauer gerade wird und im vorgesehenen Bereich. Eine Mauer am Hang sollte eine Neigung von etwa 10–15 % haben, also die Mauerkrone bei 1 m Höhe um 10–15 cm zum Hang versetzt sein. Je höher die Mauer, desto stärker muss die Neigung sein. Treten Sie immer wieder zurück und betrachten das Ergebnis. Korrekturen sind nur möglich, solange die Hinterfüllung noch nicht eingefüllt wurde. Zum Abschluss wird die Mauer mit den Decksteinen belegt. Wenn Lücken entstehen, ist dies nicht schlimm – sie werden bepflanzt.

Bepflanzung

In den Fugen und Spalten einer Trockenmauer fühlen sich viele Pflanzen wohl. Für trockene, nach Süden ausgerichtete vollsonnige Trockenmauern eignen sich die verschiedenen Mauerpfeffer- und Fetthennenarten *(Sedum)* sowie Haus- und Dachwurze *(Sempervivum, Jovibarba)* besonders gut. An nordseitigen, feucht-kühlen und schattigen Mauern fühlen sich Farne, Primeln und Steinbrechgewächse wohl.

Wie lange hält eine Trockenmauer?

Kugels Rat: Wenn eine Trockenmauer richtig gebaut ist, hält sie theoretisch viele Generationen lang. Das sieht man an den Weinbergmauern in den Steillagen des Neckartales oder im Rheingau. Die Trockenmauern müssen allerdings – anders als Betonmauern – regelmäßig auf Setzungen oder Bewegungen kontrolliert werden. Manche Steine brechen auch durch Frosteinwirkung oder es gibt doch, trotz sorgfältiger Bauweise, Verschiebungen einzelner Steine durch Hangdruck.

OBEN LINKS: Als unterste Schicht wird grober Schotter oder Kies eingefüllt und verdichtet. **OBEN LINKS:** Dränagerohre gewährleisten, dass versickerndes Wasser abfließen kann und im Winter bei Frost keine Versetzungen entstehen. **UNTEN LINKS:** Beim Aufeinanderschichten der Steine ist es ratsam, dass sie unterschiedlich tief in den Hang ragen. Das verleiht der Mauer später noch mehr Stabilität. **UNTEN RECHTS:** Die Steine müssen satt aufeinander aufliegen und dürfen unter keinen Umständen wackeln oder »Spiel« haben. Zur Stabilisierung können Keilsteine in größere Fugen geschlagen werden.

Vom Holzfass zum Miniteich

Biotop auf kleinstem Raum

Wasser ist ein Lebenselixier, ganz besonders im Garten. Dabei muss es gar kein großer Gartenteich sein, schon eine kleine Vogeltränke oder ein Miniteich locken unzählige Tiere in den Garten. Sogar auf einem Balkon oder einer Dachterrasse lässt sich ein Kübel aufstellen. Es gibt fertige Bausets, ein Miniwassergarten lässt sich aber auch (fast) ohne handwerkliches Können selbst bauen. Sie brauchen nur ein schönes Holzfass, einen Mörtelkübel oder Kunststoffeinsatz für Holzpflanzgefäße, etwas Sand als Substrat und einige Wasser- und Teichpflanzen. Metallgefäße sind nur geeignet, wenn sie innen mit einer wasserdichten Lackierung versehen sind.

Stellen Sie das Holzfass an den gewünschten Platz. Anschließend wird der Mörtelkübel bzw. der Kunststoffeinsatz hineingestellt. Wenn Sie das Holzfass mit Teichfolie auskleiden, sollten Sie zur Sicherheit noch ein Vlies zwischen Holzwand und Folie legen, damit kleinere Unebenheiten und Holzspreißel die Folie nicht beschädigen. Bevor Sie den Kübel mit Wasser füllen, kommt eine etwa 10 cm dicke Schicht aus gewaschenem Aquariensand als Substrat hinein. Zur Bepflanzung eignen sich klein bleibende Wasserpflanzen wie die Zwerg-Seerose, die auch mit einer Wassertiefe von 15–30 cm zurechtkommt und zuverlässig blüht, wenn sie genug Sonne bekommt.

grünzeug Spezial:

Miniteich auf Balkon & Terrasse

Balkone weisen normalerweise eine Tragfähigkeit von 150 bis 200 kg/m^2 auf. Ein kleiner Kübel mit 20–30 l Fassungsvermögen stellt also noch kein Problem dar. Bei größeren Wasserbecken sollten Sie auf jeden Fall einen Statiker zu Rate ziehen, zumal ja auch das Zubehör, Pumpen, Substrat, Steine und Pflanzen zum Gewicht des Beckens und des Wassers dazukommen.

Unter den Sumpfpflanzen sind Schwanenblume, Zwerg-Rohrkolben, Wasserfeder und Zwerg-Binse ideale Miniteichpflanzen, da sie nicht nur attraktiv aussehen, sondern auch nicht zu stark wachsen.

Das Wasser wird in den ersten Tagen noch relativ trüb sein, bis sich alle Schwebeteilchen gesetzt haben. Algen sind in bepflanzten Miniwassergärten selten ein Problem, da die eingesetzten Pflanzen die Nährstoffe verbrauchen und die Wasseroberfläche schnell bedecken, sodass kaum Licht ins Wasser gelangt – und ohne Licht kein Algenwachstum.

Die Pflege ist denkbar einfach: Bei warmem Wetter muss ab und zu etwas Wasser nachgefüllt werden, und im Juni/Juli sind die Pflanzen für eine kleine Gabe Wasserpflanzendünger dankbar. Im Spätherbst werden die abgestorbenen Pflanzenteile entfernt und das Becken in der Garage kalt, aber frostfrei überwintert.

Stechmücken? Kein Problem!

Damit das Becken nicht zur Stechmückenbrutstätte wird, sollten Sie ab Mai das Wasser unbedingt mit einem biologischen Mittel gegen Stechmücken behandeln. Diese Mittel enthalten ein Bakterium (*Bacillus thuringiensis* var. *israelensis*), welche die Insektenlarven (und nur diese) befällt und absterben lässt. Alle vier Wochen die Behandlung wiederholen.

Pflanzen für den Miniteich

Viele Teich- und Wasserpflanzen wachsen schnell und üppig und würden das begrenzte Biotop »Miniteich« schnell zuwuchern. Kaufen Sie daher nur weniger wüchsige Arten und Sorten wie den Zwerg-Rohrkolben oder Zwerg-Seerosen, die optimal an den niedrigen Wasserstand angepasst sind. Auch Tannenwedel, Blumenbinse, Sumpfdotterblume und die Korkenzieherbinse sind empfehlenswerte Arten für Miniteiche und kleine Wasserbecken.

RECHTS: Damit das Pflanzsubstrat unter Wasser nicht aufschwemmt, wird die Oberfläche des Topfes mit mittelfeinen Kieseln abgedeckt. Verwenden Sie dazu Flusskiesel und keine Marmorkiesel, da diese Kalk ans Wasser abgeben.

Muss ich bei einem Miniteich auf Seerosen verzichten?

Kugels Rat: Auf keinen Fall, denn es gibt ganz spezielle Mini-Seerosen für Wassertiefen von 30–40 cm. Die zarten Pflanzen bilden wesentlich kleinere Blätter aus als ihre großen Verwandten und passen so ideal in einen Holzbottich oder eine alte Zinkwanne. Der Badezuber aus meiner Kindheit ist seit Jahren ein Miniteich, den ich jeweils im November entleere, die Pflanzen wie Mini-Seerose, Froschlöffel und Binse entnehme und in einem großenEimer bei den Kübelpflanzen überwintere. Ab April kommen alle wieder ins Freie und die Pracht beginnt von Neuem.

Ein Holzdeck am Teich

Urlaubsfeeling im Garten

Mit einem Holzdeck können Sie eine alte Terrasse an einem verlängerten Wochenende in eine schöne und moderne Sitz- und Liegefläche verwandeln. Statt die alten, veralgten und angeschlagenen Platten mühsam aufzunehmen, den Untergrund neu zu dränieren, zu verdichten und mit neuen Platten zu belegen, ist es viel einfacher, den vorhandenen Belag unter einem neuen »verschwinden« zu lassen. Mit etwas Planung, einer sorgfältig zusammengestellten Material- und Werkzeugliste und gutem Wetter können Sie ein solches Holzdeck – je nach Größe – an zwei oder drei Tagen fertigstellen.

Vorbereitung des Untergrunds

Um das Gefälle der vorhandenen Terrasse auszugleichen, wird mit der Richtlatte die Neigung der Terrasse festgelegt und die Holzpatten, die das Deck tragen, ausgerichtet. Sie werden mit Metallwinkeln auf den Platten festgeschraubt, damit sie einen sicheren Untergrund für das Deck bilden und dieses später nicht wackelt. Die Latten sollten etwa 10 cm hoch sein, damit ausreichend Luft unter dem Deck zirkulieren kann.

Wenn Sie das Deck nicht über einer vorhandenen Terrasse, sondern z. B. über einer Rasenfläche oder an einem Teich bauen möchten, müssen Sie als Auflagefläche für die Latten erst einzelne Platten verlegen. Noch einfacher geht es mit Fertigfundamenten für Pergolen aus dem Baumarkt.

grünzeug **Spezial:**

Aussparung zum Bepflanzen

Eine große Fläche, gleich aus welchem Material, wirkt schnell eintönig. Das muss nicht sein, Sie können sie mit einfachen Mitteln aufpeppen. Eine Möglichkeit sind Pflanzen in großen Töpfen und Kübeln. Sie können aber auch von vornherein im Deck eine oder mehrere Aussparungen vorsehen, die offen bleiben und nicht mit den Planken bedeckt werden. In diese »Löcher« werden später Pflanzen gesetzt. Sogar die Pflanzung schattenspendender Bäume ist möglich. Diese sollte dann jedoch vor dem Verlegen der Holzplanken geschehen – dann können Sie die Bretter über dem Ballen dichter an den Stamm legen und es bleibt keine so große Lücke im Deck.

Der Belag

Als Plankenbelag eignen sich glatte oder gerillte Holzplanken aus Hartholz wie Lärche, Robinie oder Eiche. Tropenholz wie Bangkirai oder Teak sollte nur eingesetzt werden, wenn es mit dem FSC-Siegel gekennzeichnet ist, welches eine verantwortungsvolle und ressourcenschonende Forstwirtschaft garantiert. Gerillte Planken sind etwas rutschfester – wenn man sie regelmäßig mit einem harten Besen von Algen und Schmutz befreit, die sich in den Rillen festsetzen.

RECHTS: Damit Regenwasser und Feuchtigkeit schnell ablaufen bzw. abtrocknen können, werden Rillen in die Oberseite der Planken gefräst. Um Algenbefall vorzubeugen, regelmäßig bürsten oder mit dem Hochdruckreiniger abspritzen

Ungerillte Planken sind angenehmer zum Begehen, vor allem wenn man barfuß läuft, aber sie müssen absolut glattgehobelt sein, damit man sich keine Spreißel eintritt.

Planken verlegen

Wenn alle Latten als Untergrund verlegt sind, können Sie mit dem Verlegen der Planken beginnen. Diese werden mit Spax-Schrauben fest auf den Holzlatten fixiert. Damit weder Planken noch Latten beim Schrauben reißen oder sich spalten, müssen alle Schraublöcher vorgebohrt werden. Fixieren Sie jede Planke mit mindestens zwei, breite Planken besser mit drei Schrauben quer zur Planke, damit sie sich später nicht seitlich aufwölben. Beginnen Sie mit dem Auflegen der Planken an einer Seite, z. B. am Haus. Wenn die Terrasse breiter ist als die Planken lang sind, müssen sie im Verbund verlegt werden, damit keine aneinanderstoßenden Fugen entstehen.

Damit das Holzdeck nicht unruhig wirkt, sollten jeweils alle langen und alle kurzen Planken gleich lang sein. Bei Fertigbausätzen oder vorgefrästen Planken sind die Stirnseiten so gearbeitet, dass sie wie Nut und Feder ineinandergreifen – das erleichtert das Verlegen sehr. Schrauben Sie an die Stoßseite der Planken eine senkrecht gestellte als Abschluss.

Oberflächenschutz

Damit sich keine holzzerstörenden Pilze und Bakterien auf den Planken ansiedeln können, ist es empfehlenswert, das Deck nach dem Verlegen mit einer umweltverträglichen Holzlasur oder mit Holzöl zu versiegeln. Lassen Sie die Lasur ausreichend trocknen, bevor Sie das Deck betreten. Falls während des Streichens ein Regenschauer aufkommen sollte, ist es ratsam, eine ausreichend große Plastikfolie zur Hand zu haben, mit der das Deck mit seinen noch nicht getrockneten und noch nicht behandelten Flächen abgedeckt werden kann. Wiederholen Sie diese Behandlung alle zwei bis drei Jahre im Spätsommer, dann haben Sie viele Jahre Freude an Ihrem neuen Urlaubsdomizil im Garten. Auch bei Holzdecks, die aus »wetterfestem«, kesseldruckimprägniertem Holz gefertigt sind, sollten die Planken auch hier spätestens nach drei oder vier Jahren mit einem Holzschutzmittel behandelt werden. Bei dieser Gelegenheit können Sie das Deck mit einem Hochdruckreiniger abspritzen und anschließen lose Holzspreißel abschleifen, bevor sie das Deck mit Holzlasur oder -öl einlassen.

Material- und Werkzeugliste

- Richtlatte
- Wasserwaage
- Metermaß
- Bleistift
- Gehrungssäge, am besten als Handkreissäge
- Holzlatten, kesseldruckimprägniert
- Deckplanken
- Bohrmaschine
- Schraubendreher oder Akkuschrauber
- Spax-Schrauben
- Dübel
- Eisenwinkel
- Holzöl oder -lasur für den Außenbereich
- Lasurpinsel oder Roller
- Plastikplane zum Abdecken

Holzdecks halten ja wohl nicht besonders lange, denn mein Nachbar musste seines bereits nach etwa 5 Jahren erneuern.

Kugels Rat: Ein Holzdeck sollte – auch wenn es selbst gebaut wurde – mindestens 10 – 15 Jahre halten! Ich kann nur aus eigener Erfahrung raten: Planen Sie gründlich, kaufen Sie hochwertige Materialien ein und arbeiten Sie konsequent nach Plan.
Dort, wo »Holz auf Holz« gebaut wird ohne Wasserablauf bzw. Trennschicht aus Metall, Bitumenpappe oder Kunststoff ist, der Fäulnis Tür und Tor geöffnet.
Zu dünnes Holz verzieht sich, die Lüftungsfugen stoßen aneinander und schon beginnt still und heimlich die Fäulnis des Holzes, und nach wenigen Jahren ist das Holzdeck hinüber. Bei mir war auch erst der 2. Versuch erfolgreich, nachdem ich feststellen musste, dass meine Unterkonstruktion zu wenig Bodenfreiheit hatte. Der alte Plattenbelag war zu dicht dran und in dem 1–2 cm hohen Zwischenraum blieb bei Starkregen tagelang das Wasser stehen mit der Folge, dass meine Unterkonstruktion nach einigen Jahren durchgefault war. Aber aus Fehlern wird man klug und so hält mein 2. Versuch eines Holzdecks nun schon über 12 Jahre und ich hoffe, es geht noch ein paar Jahre so weiter.

OBEN LINKS: Damit das Wasser vom späteren Holzdeck ablaufen kann, wird das Fundament bzw. werden die Platten, auf die die Bohlen verlegt werden, mit einem Gefälle versehen. **OBEN RECHTS:** Auf die alten Terrassenplatten werden die Bohlen im gleichen Abstand als Unterbau für das Holzdeck verlegt. **UNTEN LINKS:** An die äußerste Bohle wird eine senkrecht gestellte Planke als Abschluss geschraubt, dann werden die Planken auf den Bohlen verschraubt. **UNTEN RECHTS:** Zum Schluss wird die Oberfläche noch einmal mit einer umweltfreundlichen Holzlasur versiegelt.

Kugels
Kummerkasten im Sommer

Mein Feldsalat ist letztes Jahr toll gewachsen und hat dann plötzlich einen weißen Belag bekommen. Was ist Schuld daran, und was kann ich dagegen tun – eventuell schon beim Anbau?

Wie bekomme ich nur den Giersch aus meinem Garten? Er breitet sich rasend schnell aus und alles Hacken hilft nicht!

Kugels Rat: **Feldsalat** wird in relativ warmen Herbstperioden gerne vom Echten **Mehltau** befallen. Gefördert wird der Befall durch die hohen Temperaturen und durch ungleichmäßige Wasserversorgung. An den Temperaturen können Sie wenig ändern, wichtig ist es also, den Feldsalat gleichmäßig feucht zu halten. Außerdem sollten Sie nicht zu übermäßig düngen, auch das fördert den Befall, denn dem Acker- oder Feldsalat reichen meist die Nährstoffe aus, die noch von Salat, Kohlrabi & Co. im Boden sind. Übrigens: Eine zugelassene direkte Bekämpfungsmöglichkeit für Hobbygärtner gibt es nicht!

Kugels Rat: Hacken ist das pure Gift bei der **Gierschbekämpfung!** Der Giersch breitet sich durch sogenannte Rhizome aus, das sind weiße, dicke, flach wachsende Wurzelausläufer. Wenn Sie hacken, teilen Sie diese Ausläufer in Stücke und jedes dieser kann wieder Basis für eine neue Pflanze sein! Beim Giersch wird also nicht gehackt, sondern gezupft und nachgegraben. Die Pflanzenreste geben Sie bitte in den Restmüll und nicht auf ihren Kompost.
Seit kurzer Zeit gibt es eine biologische und recht wirksame Bekämpfungsmöglichkeit mit Pelargonsäure und einem Zusatzstoff (z. B. *Gierschfrei Plus* von Neudorff). Bei 2–3 Anwendungen dieses Mittels geht selbst der Giersch »in die Knie«.

Meine Frau und ich »diskutieren« öfter, ob die vielen Erdhaufen in unserem Garten vom Maulwurf oder von der Wühlmaus stammen?

Kugels Rat: Vorweg das Wichtigste: Der Maulwurf ist geschützt und darf nicht getötet werden! Das Unterscheiden und Zuordnen der Erdhaufen ist einfach: **Maulwurfshaufen** sind meist rund und gleichmäßig – das Grabeloch ist in der Mitte. Beim Maulwurf besteht der Haufen aus reiner Erde ohne Pflanzenteile – der Maulwurf ist ja nützlich und schädigt keine Pflanzen. Anders bei der Wühlmaus! Sie frisst die Wurzeln ab, weshalb **Wühlmaushaufen** mit Pflanzenteilen durchsetzt sind. Die Haufen sind zudem eher länglich und flach – das Grabeloch befindet sich hier am Rand.

Mein Nachbar sagt, dass mein Flieder nur dann wieder schön blüht, wenn ich alle Samenstände der Blüten vom letzten Jahr weggeschnitten habe.

Kugels Rat: Der Nachbar hat ein bisschen recht ... denn es ist natürlich besser, wenn die **Flieder**-Pflanze ihre Kraft nach Ende der Blüte im Mai nicht in die Samenbildung investiert. Aber das Ganze ist für den Hobbygärtner ein technisches Problem! Bei jungen Pflanzen ist das Entfernen sinnvoll und technisch problemlos möglich, später, wenn der Flieder 3–4 m hoch und kräftig genug ist, um die Samenbildung zu verkraften, wird es zu aufwändig und gefährlich, die Samenstände herauszuschneiden. Also keine Angst, der Flieder blüht als gesunde Pflanze auch, wenn Sie die Samenstände nicht herausschneiden!

Wo liegt der grundsätzliche Unterschied zwischen Schwarzen und Roten bzw. Weißen Johannisbeeren? Es soll beim Schnitt ganz wichtig sein, den Unterschied zu kennen.

Kugels Rat: **Rote** und **Weiße Johannisbeersorten** tragen am »alten Holz«, d. h., die Blütenknospen bilden sich an Trieben, die 2, 3 oder 4 Jahre alt sind. Die **Schwarzen Johannisbeeren** tragen im Gegensatz dazu »am jungen Holz«, d. h. der Großteil der Blütenknospen bildet sich an den Trieben aus dem Vorjahr. Beim Schnitt der Schwarzen Johannisbeere dürfen also die gut entwickelten, hellbraunen, vorjährigen Triebe nicht angeschnitten werden. Anders bei den Roten und Weißen Johannisbeeren. Hier schneiden wir die starken vorjährigen Trieben um ⅓ zurück, damit sie sich verzweigen und im nächsten Jahr Blütenknospen bilden

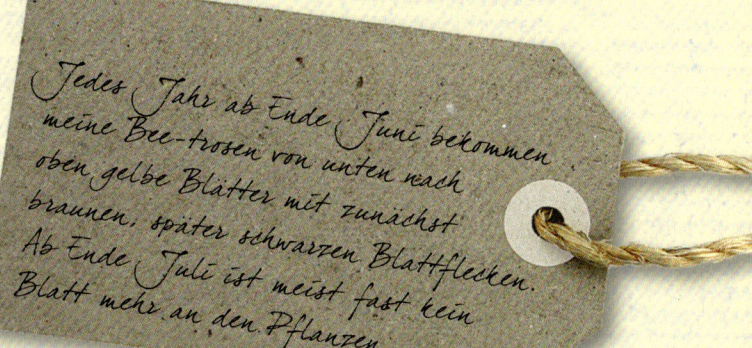

Jedes Jahr ab Ende Juni bekommen meine Bee-trosen von unten nach oben gelbe Blätter mit zunächst braunen, später schwarzen Blattflecken. Ab Ende Juli ist meist fast kein Blatt mehr an den Pflanzen

Kugels Rat: Verantwortlich für dieses Phänomen ist der **Sternrußtau**, eine Pilzkrankheit, die oftmals speziell **Rosen** befällt. Das große Problem ist, dass nur Vorbeugung hilft! In dem Moment, wo man die Blattflecken bemerkt, ist es zu spät, den Befall erfolgreich zu bekämpfen – man kann ab Juni nur noch die weitere Ausbreitung begrenzen. Wichtig ist also Vorbeugung! Und die beginnt bereits ab Anfang Mai, wenn sich die ersten Blätter der Rosen voll entwickelt haben. Dann muss mit einem zugelassenen Fungizid (Pilzbekämpfungsmittel) gespritzt werden, damit sich die Pilzsporen nicht auf dem Blatt ansiedeln können. Diese Spritzungen sind nach Regenperioden teils 4–5 mal pro Saison zu wiederholen, damit das Blatt vor dem Angriff der Pilzsporen geschützt ist.

Eine andere Methode ist die Pflanzenstärkung, z. B. mit Ackerschachtelhalm-Brühe. Bei dieser biologischen Methode ist allerdings große Disziplin erforderlich – bis zu 20 mal pro Saison, also fast jede Woche, muss die Brühe gespritzt werden damit die Blätter so gestärkt werden, dass die schädlichen Pilze keine Chance haben.

Der Fächerbesen hält den Rasen laubfrei

Köstliches Obst füllt nun die Erntekörbe

Hilfreich und nützlich: eine gute Schubkarre

Die Herbstblätter flammen in Gelb und Rot auf

Spätblüher, buntes Laub, leuchtende Früchte:

Herbststimmung: Kastanien gehören dazu

Herbst

Der Herbst bietet ganz besondere Attraktionen

Hortensien

Dauerblüher im Garten und im Kübel

Während im Frühling und Frühsommer viele attraktive Sträucher um die Wette blühen, lässt der Gehölzflor im Hochsommer merklich nach. Häufig beschränkt er sich nun auf Rosen und Schmetterlingssträucher *(Buddleja)*, die diesen Part natürlich sehr schön ausfüllen. Doch Hortensien erweitern nicht nur die Farben- und Formenvielfalt: Sie beleben auch halbschattige und absonnige Gartenbereiche, an denen sich Rosen und andere Blütengehölze eher schwer tun. Und mit ihrer Blühdauer von Juni oder Juli bis September bieten sie ein nachhaltiges Vergnügen – wobei es bei einigen Neuzüchtungen gelungen ist, die Blütezeit noch deutlich auszudehnen.

Schon mit ihrem breit buschigen Wuchs und den eiförmigen, dunkelgrünen Blättern machen Hortensien eine gute Figur. Entfalten sie schließlich ihre üppigen Blütenstände, die je nach Art und Sorte rundlich, schirm- oder kegelförmig sind, werden sie zu eindrucksvollen Hinguckern.

Durstige Sträucher mit zweierlei Blüten

Die meisten Hortensienarten sind in Ostasien zu Hause und wachsen dort als Unterwuchs in lichten Wäldern, oft in niederschlagsreichen

Gegenden. So bevorzugen auch ihre Gartenformen etwas beschattete Plätze mit humosem, frischem bis feuchtem und leicht saurem Boden. In den Ansprüchen an den Säuregrad bzw. Kalkgehalt des Bodens sind Hortensien allerdings flexibler als beispielsweise Rhododendren. Im botanischen Gattungsnamen *Hydrangea* steckt der griechische Wortanteil »hydro«, auf Deutsch: Wasser – ein Hinweis auf den hohen Wasserbedarf dieser sommergrünen Sträucher.

grünzeug Spezial:

Hortensien als Kübelzierde

Wählen Sie einen ausreichend großen Kübel, je nach Pflanzengröße ab etwa 30 cm Durchmesser, und topfen Sie alle zwei bis drei Jahre um. Wichtig ist ein guter Wasserabfluss und eine Dränageschicht am Topfboden. Sollen blaue Hortensien ihre Blütenfarbe behalten, topft man sie in spezielle »Hortensienerde blau« oder Rhododendronerde. Ansonsten tut es auch eine gute Kübelpflanzenerde. Für die Nährstoffversorgung sind Hortensien- oder Rhododendrondünger ideal. Die Kübel lassen sich an einem geschützten Platz und gut eingepackt, z. B. in Kokosmatten, draußen überwintern. Sicherer ist allerdings ein frostfreies, aber kühles, helles Winterquartier im Haus.

Die Wuchshöhe kann zwischen 0,8 und 3 m variieren, wobei die meisten Hortensien mindestens ebenso breit wie hoch werden. Ihre Blütenstände haben eine Eigenheit, die bei den tellerartig ausgebreiteten Formen besonders ins Auge fällt: Sie bestehen aus größeren, sterilen Einzelblüten, die bei den schirmförmigen Ständen den äußeren Kranz bilden und als »Schaublüten« nur dem Anlocken bestäubender Insekten dienen, sowie aus winzigen, teils andersfarbigen

RECHTS: Immer wieder bereichern Neuzüchtungen das Sortiment, so etwa die robusten 'You & Me'-Hortensien. Diese Tellerhortensien beeindrucken mit apart gefüllten Einzelblüten, die selbst bei Hitze lange halten.

Blütchen, die fertil sind, also befruchtet werden können. Bei manchen Züchtungen, vor allem mit runden Ballformen, fehlen die fertilen Blüten ganz.

Charmante Bauernhortensien

»Klassiker« mit nostalgischem Charme sind die 1–1,5 m hohen Bauern- oder Gartenhortensien *(Hydrangea macrophylla)* mit rundlichen Blütenkugeln, beispielsweise 'Leuchtfeuer' (rot) und 'Rosita' (rosalila). Andere Sorten wie z. B. 'Blaumeise' schmücken sich mit flachen, schirmartigen Blütenständen und werden als Tellerhortensien bezeichnet. Bauernhortensien werden seit jeher auch gern in Kübeln gezogen – nicht zuletzt, weil zumindest die älteren Sorten etwas frostempfindlich sind.

Zu den Bauernhortensien mit Blütenbällen gehören auch die neuen Blühwunder, nämlich 'Endless Summer' (je nach Boden blau oder rosa) und 'The Bride' (weiß). Anders als die herkömmlichen Sorten blühen sie nicht nur an vorjährigen, sondern auch an den jungen, diesjährigen Trieben. So schmücken sie sich von Mai bis Oktober pausenlos mit Blüten. Dasselbe gilt für 'Twist'n'Shout' (blau oder rosa), eine Tellerhortensie dieser neuen Generation. All diese Sorten gelten als gut winterhart.

Wenn Blau zu Rosa wird

Verblüffend ist das Farbenspiel mancher Hortensien: Blau blühende Sorten behalten nur in saurem Boden (mit einem pH-Wert von 4 bis 5) ihre ursprüngliche Farbe. Werden sie in neutralen oder kalkhaltigen Boden gepflanzt, blühen sie oft schon im Folgejahr rosa. Umkehren lässt sich das mit Aluminiumsalzen (Kalialaun), die teils auch als spezielle »Hortensiendünger« angeboten werden. Auf Dauer klappt das aber nur, wenn zugleich der pH-Wert des Bodens entsprechend abgesenkt wird, z. B. durch Einarbeiten von reichlich Moorbeeterde. Außerdem darf man nicht mit hartem, kalkhaltigem Wasser gießen und nur phosphatarmen Dünger verwenden. Somit sind die blauen Hortensien geradezu ideale Partner für die kalkscheuen Rhododendren. Im Gegenzug lassen sich auch rosa Sorten mit viel Geduld durch Ansäuern des Bodens und Gaben von Kalialaun »bläuen«. Bei weißen und roten Sorten dagegen zeigt der pH-Wert des Bodens keine Auswirkungen.

Riesenbälle und schöne Kegel

Den Bauernhortensien recht ähnlich, aber etwas kompakter und frostfester sind die Sorten von *Hydrangea serrata,* so etwa 'Bluebird' (Blüten tellerförmig, blau bzw. rosa) und 'Preziosa' (ballförmig, rosa). Ein stattlicher, für Kübel allerdings zu üppiger Strauch ist die Samt- oder Fellhortensie *(H. aspera)* mit eindrucksvollen Tellerblüten und großen, rauen Blättern. Man findet sie meist in der aparten Sorte 'Macrophylla' mit weißen Randblüten und lila gefärbten, kleinen Innenblüten.

Teils werden rundkugelige Bauernhortensien als »Ballhortensien« bezeichnet, doch diesen Namen verdienen streng genommen nur die Sorten der Strauchhortensie *(H. arborescens)*: Sie beeindrucken mit riesigen, fußballgroßen, weißen Blütenständen und sind sehr frosthart sowie gut schnittverträglich. Eine beliebte weiße Sorte ist 'Annabelle'; mit 'Invincibelle Spirit' gibt es auch eine rosa Variante.

Etwas aus der Reihe fällt die Rispenhortensie *(H. paniculata)* mit kegelförmigen Blütenständen in Weiß, das bei manchen Sorten in Rosa übergeht. Rispenhortensien sind robuster als die meisten anderen Arten und vertragen auch recht viel Sonne. Da man sie am besten regelmäßig zurückschneidet, lassen sich auch hohe Sorten recht gut im Kübel kultivieren, beispielsweise 'Wims Red' (weiß bis rot, duftend), die ungeschnitten bis 3 m erreicht. Noch einfacher machen es einem niedrige, nur meterhohe Züchtungen wie 'Bobo' und 'Dart's Little Dot' (beide weiß).

Schnitt nach Art und Maß

Die Namen der verschiedenen Arten und Sorten – am besten in Verbindung mit den genauen lateinischen Bezeichnungen – mögen etwas verwirrend erscheinen: Sie sind aber nahezu unentbehrlich, wenn man beim Schneiden nichts falsch machen will. Fast alle Bauernhortensien *(Hydrangea macrophylla)*, die ähnliche *H. serrata* sowie die Samthortensie *(H. aspera)* werden nur gelegentlich im

LINKS: Die Rispenhortensien mit ihren kegelförmigen Blütenständen sind meist sehr frostfest und sonnenverträglich. Teils verfärben sich die weißen Rispen im Verblühen ansprechend rosa.

RECHTS: Bauernhortensien wachsen recht kompakt und eignen sich gut für die Haltung im Kübel. An einem geschützten Platz auf der Terrasse erfreuen auch etwas empfindlichere Sorten mit reicher Blüte.

zeitigen Frühjahr etwas ausgelichtet. Wenn nötig, schneidet man zudem erfrorene Triebe heraus. Ansonsten kann jeder unbedachte Eingriff auf Kosten der im Vorjahr angelegten Blüten gehen.

Ganz anders verhält es sich mit den Rispenhortensien (H. paniculata): Sie legen ihre Blüten nur an den diesjährigen Trieben an. Deshalb schneidet man sie im Spätwinter oder Vorfrühling am besten kräftig zurück, ungefähr um zwei Drittel, um Neuaustrieb und damit die Blütenfülle zu fördern. Dasselbe wird teils auch für die Strauch- oder Ballhortensien (H. arborescens) empfohlen und ist bei den neuen, dauerblühenden Bauernhortensien wie 'Endless Summer' ebenfalls möglich. Sofern es allerdings nicht an Blüten mangelt, können Sie diese Sträucher ähnlich zurückhaltend auslichten wie die »altmodischen« Bauernsorten.

Wichtig für alle Hortensien ist bei Trockenheit eine gründliche, regelmäßige Wasserversorgung, am besten mit weichem Regenwasser. Eine Mulchschicht rund um die Pflanzen hält den Boden feucht und liefert beim Verrotten Humus nach. Versorgen Sie die Sträucher im Frühjahr mit Kompost und ein paar Handvoll Hornspänen und düngen Sie häufig und stark geschnittene Rispenhortensien im Frühsommer nochmals nach.

Rispenhortensien und Ballhortensien zu unterscheiden, das ist mir zu schwierig! Geht das mit dem Schnitt der Hortensien nicht einfacher?

Kugels Rat: Es geht tatsächlich einfacher! Die Neuzüchtung 'Endless Summer' ist ein Blühwunder und streng genommen ein »Mittelding« zwischen der Rispenhortensie, die am diesjährigen Holz blüht, und der Ballhortensie, die vorwiegend am vorjährigen Holz blüht. Die »Endless Summer«-Hortensie blüht stahlblau also auch in Jahren, in denen durch Winterschäden die bereits ausgebildeten Blütenknospen des Vorjahrs vertrocknet sind. Dann dauert es eben ein bisschen länger, bis ca. Ende Juli, die Blüte bleibt dann aber bis zum Oktober. Eine echte Augenweide!

Ziergräser

Filigrane Blickpunkte im Herbst und Winter

Wenn im Spätjahr die Blütenpracht der Stauden nachlässt, laufen viele Ziergräser erst zur Höchstform auf: Dann zeigen sie reizvolle Blütenstände, die von den gelb, rot oder bronze schimmernden Herbstfarben der Blätter untermalt werden. Oft leuchten diese Töne bis in den Winter hinein und die lang haftenden Fruchtstände wirken ausgesprochen malerisch, wenn sie von Reif überzogen sind. Kommen dann noch wintergrüne Gräser hinzu, bietet der Garten auch in der kalten Jahreszeit allerhand fürs Auge.

Gräser für alle Fälle

Es gibt einige hübsche einjährige Ziergräser für Sommerblumenbeete und Trockensträuße. Doch die meisten wachsen ausdauernd und passen deshalb gut in gemischte Staudenrabatten oder, je nach Licht- und Feuchteanspruch, z. B. in steppenartige Gestaltungen oder an den Gehölzrand. Etliche lassen sich auch gut in Kübeln ziehen. Ziergräser wirken vor allem durch ihre Wuchsformen und die schmalen, filigranen, oft überhängenden Blätter in den unterschiedlichsten Farbnuancen. Die Blütenähren, -rispen oder -büschel sind bei vielen eher unscheinbar, bei manchen aber durch auffällige Farben oder Grannen echte Hingucker.

grünzeug Spezial:

Kein Rückschnitt im Herbst

Mehrjährige Ziergräser gehören generell zu den Stauden, die man erst im Frühjahr zurückschneidet – oder auch nur »auskämmt«, indem man die alten Blätter und Halme vorsichtig herausschneidet, wenn der Neuaustrieb schon früh erscheint, wie etwa bei der Bergsegge (*Carex montana*). Denn selbst die Arten, die keine auffälligen, lang haltenden Blütenstände bilden, machen über Winter mit ihren welken Blatthorsten und -büscheln noch eine ansehnliche Figur. Geradezu malerisch wirken sie, wenn die filigranen Blätter von Raureif überzogen werden. Außerdem schützen die Halme und Blätter die Sprossbasis vor Frost und Nässe. Hohe Ziergräser wie Pampasgras und Chinaschilf bindet man am besten im Spätherbst zusammen, um diese Schutzwirkung zu verstärken.

Imposante Herbstattraktionen

Zu den eindrucksvollsten Gräsern für sonnige Plätze gehören die zahlreichen Sorten des Chinaschilf (*Miscanthus sinensis*). Die meisten werden 1,5–2 m hoch und brauchen etwa 1m² Platz. Somit sind sie hervorragende Solitäre, etwa an der Terrasse, und im Beet dominierende Leitstauden. Meist ab September erscheinen hübsche fedrige, silbrige, weiße oder rötliche Rispen, bald schon untermalt durch eine eindrucksvolle, schöne Herbstfärbung der Blätter in Rot-, Orange- oder Brauntönen.

RECHTS: In dieser Rabatte vermitteln die Chinaschilfsorten 'Gracillimus' und 'Zebrinus' (mit hellen Querstreifen) zwischen den intensiven Rottönen von Dahlien, Zinnien und Blumenrohr (*Canna indica*).

Majestätische Gräser sind auch die Sorten der Rutenhirse (*Panicum virgatum*) mit zarten, schleierartig wirkenden Rispen, teils blaugrün oder rötlich gefärbten Blättern und gelbroter Herbstfärbung. Spätblüher wie Chinaschilf und Rutenhirse treiben oft erst spät im April wieder aus.

Wenn Sie nicht so lang warten möchten, kommt z. B. das früh austreibende Reitgras (*Calamagrostis* × *acutiflora*) 'Karl Foerster' infrage. Es wächst zu einem aufrechten Horst mit kerzengeraden, bis 150 cm hohen Blütenhalmen heran. Daran erscheinen schon ab Juni lange, schlanke, gelbbraune Rispen. Halme und Rispen bleiben den ganzen Winter über erhalten. Früh treiben auch die Pfeifengräser (*Molinia*) aus. Sie bilden recht niedrige Blatthorste mit bis 200 cm aufragenden, teils elegant überhängenden Blütenhalmen und zarten Blütenähren im Herbst. Halme wie Blätter färben sich im Herbst meist leuchtend gelb. Eine wahre Dauerzierde ist das wintergrüne, 50–100 cm hohe Silberährengras (*Stipa calamagrostis*), das von Juli bis Oktober mit langen fedrigen, gelblich weißen Blüten beeindruckt. Es bevorzugt kalkhaltige, trockene Böden.

Mittelhohe und niedrige Zierden

Von den Lampenputzergräsern (*Pennisetum*) gibt es stattliche Vertreter, aber auch kompaktere Sorten für Rabatten. *P.-orientale*-Sorten wie die 50–100 cm hohe 'Karley Rose' blühen besonders lang, mit

anfangs rosa, dann silbrigen Ähren. Bei *P. alopecuroides* sind die Blütenstände zunächst weißrosa, dann gelb- bis rotbraun; Sorten wie die 60–80 cm hohe 'Hameln' färben ihre Blätter im Herbst goldgelb. Im Frühjahr treiben die Lampenputzergräser erst sehr spät wieder aus.

Das rund 40 cm hohe Herbstkopfgras *(Sesleria autumnalis)* bildet locker halbkugelige, wintergrüne Horste mit bläulichem Schimmer. Hübsch sind auch seine weißen Blütenähren, die im Herbst erscheinen. Es lässt sich schön in Rabatten einstreuen, kann aber auch in größeren Trupps, z. B. am Gehölzrand, als Flächendecker dienen. Ebenso niedrig bleibt die Fuchsrote Segge *(Carex buchananii)* mit ganzjährig rotbraunen Blättern, die anders als die meisten Seggen sonnige Plätze bevorzugt.

Hübsche wintergrüne, polsterförmige bis halbkugelige Horste mit bläulichen Blättern formt der 15–20 cm kleine Blauschwingel *(Festuca cinerea)*. Davon heben sich im Sommer die gelbbraunen Rispen ab. Die sonnenliebenden Schwingel gedeihen allerdings besser in Kies-, Steppen- oder Steingärten als in gut nährstoffversorgten Beeten und Rabatten.

Wintergrüne Schönheiten im Schatten

Die meist wintergrünen, oft nur 20–40 cm hohen Seggen *(Carex)* bevorzugen überwiegend feuchte Gehölzbereiche und Teichränder. Ihre Blüten sind meist unscheinbar, die recht breiten, teils gelb oder

LINKS: Hohe Ziergräser können Sie durch Zusammenbinden vor Frösten und Winternässe schützen.

RECHTS: Herbstfest im Staudenbeet: Lampenputzergras, Chinaschilf, Astern, Fetthenne und Eisenhut ziehen alle Blicke auf sich.

Soll ich meine Gräser im Herbst stehen lassen oder abschneiden?

Kugels Rat: Ich lasse braun gewordene Ziergräser wie Seggen, Lampenputzergras, Hirsen oder ähnliche Arten solange wie möglich im Beet stehen. Es sieht einfach toll aus, wenn leichter Schnee darauf liegt oder wenn der Raureif in der Sonne glitzert. Erst wenn die Gräser durch starken Schneedruck oder Nässe umknicken und am Boden liegen, schneide ich sie in schneefreien Zeiten bis zum Boden zurück.

weiß gerandeten Blätter aber sehr dekorativ. Eine Besonderheit ist die Bergsegge (*C. montana*): Sie ist sommergrün, zeigt eine attraktive goldbraune Herbstfärbung und im Frühjahr hübsche, schwefelgelbe Blütenköpfchen.

Winter- bis immergrün und 20–40 cm hoch: Das charakterisiert auch die Marbeln oder Hainsimsen (*Luzula*), die viel Schatten vertragen und sich als Bodendecker von selbst ausbreiten. Eine der schönsten Arten ist die Schneemarbel (*L. nivea*) mit weißen Blütenknäueln im Sommer.

Neustart im Frühjahr

Die bereits genannten Seggen (*Carex*) leiten oft ideal ins nächste Frühjahr über, mit wintergrünen Blättern und zeitiger Blüte. So etwa die zierliche Schattensegge (*C. umbrosa*), die bereits im April rotbraune Ährchen zeigt und sich gut für flächige Pflanzungen unter Gehölzen einsetzen lässt. Geradezu ein »Klassiker« für den Halbschatten sowie absonnige Beete ist die Weißrand-Japansegge (*C. morrowii* 'Variegata') mit schlanken, weiß gerandeten Blättern und gelben Blütenähren von Mai bis Juni. Ähnliche, aber gern noch etwas feuchtere Standorte mag das Japanische Goldbandgras (*Hakonechloa macra* 'Aureola') mit wunderschön goldgelb gestreiften, überhängenden Blättern. Sein recht zeitiger Austrieb ist rötlich gefärbt, ebenso wie später die Herbstblätter.

Experten für sonnige, trockene Plätze sind die Kopf- und Blaugräser (*Sesleria*). Das blaugrüne Moorkopfgras (*S. caerulea*) behält seine Blätter über Winter und schiebt bereits ab März schwarzblaue, gedrungene Blütenähren nach oben. Trotz seines Namens gedeiht es auch auf normalen und kalkhaltigen Böden. Das früh austreibende Herzzittergras (*Briza media*) ist eine anmutige Schönheit für sonnige Freiflächen. Über niedrigen Grasbüscheln erheben sich dicht stehende, schlanke Halme mit zahlreichen herzförmigen, gelbgrünen Ährchen in lockeren Rispen.

Gehölze mit zierenden Früchten

Bunte Farbtupfer im Herbst

Im herbstlichen Garten muss keine Langeweile aufkommen, wenn man etwas Platz für geeignete Gehölze reservieren kann. Dann winkt im Spätjahr zum einen das prächtige Farbenspiel des Herbstlaubs, beispielsweise bei Feuerahorn und Hartriegel. Zum andern schmücken sich etliche Gehölze teils bis in den Winter hinein mit auffälligen, oft leuchtenden Früchten.

Sorgfältig auswählen

Im Folgenden werden einige reizvolle Fruchtgehölze vorgestellt, die auch ansonsten einiges zu bieten haben. Das Angebot der Gärtnereien umfasst noch etliche weitere Arten, nicht zuletzt Wildobst-

gehölze wie den Sanddorn *(Hippophae rhamnoides)*. Diese beanspruchen allerdings viel Platz und brauchen meist reichlich Sonne. Andere Fruchtschmuckgehölze tolerieren oft noch Halbschatten; im stärkeren Schatten können allerdings nur wenige mit ansehnlichem Fruchtbehang überzeugen, so etwa die Mahonien.

Schließlich gilt es zu beachten, ob die Früchte giftig sind. Gehölze mit verlockenden, hochgiftigen Früchten wie Stechpalmen *(Ilex)* und Pfaffenhütchen *(Euonymus europaeus)* sollten keinesfalls dort gepflanzt werden, wo kleine Kinder Zugang haben! Andererseits gibt es etliche schöne Arten mit essbaren, oft sehr gesunden Früchten. Diese werden häufig erst nach Verarbeitung bzw. Erhitzen genießbar, also z. B. als Marmeladen, Gelees oder Säfte.

Fruchtende Großsträucher

Mit ihren roten, kirschähnlichen, leckeren Steinfrüchten zählt die 3–8 m hohe Kornelkirsche (*Cornus mas*) zum »klassischen« Wildobst – allerdings nur, wenn sie nicht in Hecken gezwängt wird, sondern im freien Stand wachsen kann. Zugleich ist sie ein hübsches Ziergehölz, schmückt sich im Frühjahr mit zahlreichen gelben Blütchen und hat glänzend grüne Blätter mit gelber Herbstfärbung.

grünzeug Spezial:

Vorsicht, Feuerbrand!

Feuerbrand ist eine gefährliche, meldepflichtige Bakterienkrankheit, die besonders an Apfel- und Birnbäumen auftritt und ganze Obstpflanzungen vernichten kann. Auch Ziergehölze mit kleinen Apfelfrüchten können befallen werden, besonders Zwerg- und Strauchmispeln, Weiß- und Rotdorn, Feuerdorn, Eberesche, außerdem Felsenbirne und Zierquitte. Sie sollten deshalb in feuerbrandgeplagten Obstanbauregionen nicht gepflanzt werden. Erkrankte Triebe welken, werden schwarz und krümmen sich oft hakenartig an den Spitzen. Bald wirken größere Zweigpartien wie versengt, Früchte faulen und werden schwarzbraun. An Wunden treten schleimige, gelbbraune Tröpfchen aus. Befallene Gehölze müssen komplett entfernt werden.

3–7 m Höhe erreicht der Schwarze Holunder (*Sambucus nigra*), ein Strauch, der sich leicht baumartig ziehen lässt. Aus den duftenden, weißen, vielfältig nutzbaren Blütendolden im Frühsommer (siehe Seite 88–91) entwickeln sich die ansehnlichen blauschwarzen Holunderbeeren, die nur verarbeitet gut genießbar werden. Der 2–4 m Traubenholunder (*S. racemosa*) zeigt schon ab Juli scharlachrote Früchtchen.

RECHTS: Der Sanddorn ist ein ansprechendes Wildgehölz mit nach Verarbeitung essbaren, sehr vitaminreichen Früchten. Er wächst allerdings bis 3 m breit und braucht oft noch eine zweite Sorte als Pollenspender.

Die anspruchslosen Felsenbirnen (*Amelanchier*) wachsen 2–6 m hoch. Sie starten im Frühling mit weißen, duftenden Blüten und rötlichem Blattaustrieb. Die später sattgrünen Blätter färben sich im Herbst gelb- bis orangerot. Ab August erscheinen anfangs rote, bei Reife fast schwarze, kleine Apfelfrüchte. Sie sind essbar, schmackhaft und saftig. Für den Garten eignet sich vor allem die Kahle Felsenbirne (*A. laevis*); von ihr gibt es mit 'Ballerina' eine besonders großfrüchtige, früh reifende Sorte.

Mittelgroße Fruchtzierden

Die Sorten der Hartriegel (*Cornus alba*, *C. sanguinea* und *C. stolonifera*) wachsen meist 2–4 m hoch und bilden kugelige, erbsengroße, hellblaue oder weiße, ungenießbare Früchte. Dazu kommt oft eine hübsche Herbstfärbung und bei manchen Sorten eine auffällig getönte Rinde, die nach dem Blattfall zum wahren Hingucker wird. Das gilt besonders für den Rotrindigen Hartriegel (*C. alba* 'Sibirica'), der mit seinen korallenroten Trieben im winterlichen Garten leuchtet.

Die Schneeballarten (*Viburnum*) bezaubern meist ab Mai mit weißen bis zartrosa Blütenbällen, Rispen oder Dolden. Die 2–4 m hohen, breiten Sträucher warten ab Frühherbst mit roten oder schwarzen, schwach giftigen Steinfrüchten auf. Überwiegend sommergrün, bieten sie teils eine prächtige Herbstfärbung. Eine immergrüne Ausnah-

me ist der Zungenschneeball *(V. rhytidophyllum)* mit großen, stark gerunzelten Blättern.

Die 1,5–3 m große, robuste Schneebeere *(Symphoricarpos albus* var. *laevigatus)* wächst mit Ausläufern dickichtartig und passt gut in frei wachsende Hecken. Ihre kleinen, weißen, lang haftenden Beeren sind in größeren Mengen giftig. Verwandte Arten wie die Korallenbeere *(S. orbiculatus)* schmücken sich mit hellrosa bis roten Beeren. Der 1,5–3 m hohe, etwas frostempfindliche Liebesperlenstrauch *(Callicarpa bodinieri* var. *giraldii)* überrascht im Herbst mit ungewöhnlichen, glänzend lilafarbenen Früchtchen. Sie haften oft bis weit in den Winter hinein. Das Herbstlaub färbt sich gelb bis orange.

Immergrüne, eindrucksvolle Schönheiten

Zu den schönsten immergrünen Sträuchern zählen die 2–6 m hohen Stechpalmen *(Ilex aquifolium, I. × meservae)* mit ihren glänzenden, stacheligen Blättern und den beerenartigen, leuchtend roten Steinfrüchten. Diese sind allerdings ebenso wie die Blätter sehr giftig. Wo

das kein Problem ist, kann eine andere Schwierigkeit auftreten: Nur die weiblichen Exemplare dieser zweihäusigen Pflanze setzen Fruchtschmuck an. Notfalls muss man einen männlichen Pollenspender dazu pflanzen, z. B. die kompakte Sorte 'Blue Prince'. Andernfalls bietet sich die selbstfruchtbare, aber sehr stattliche 'J. C. van Tol' mit zahlreichen orangeroten Beeren an.

Selbstfruchtbar und nur schwach giftig ist der winter- bis immergrüne Feuerdorn *(Pyracantha coccinea)* eine gute Alternative. Auf weiße Blütendolden im Frühsommer folgen kleine Apfelfrüchtchen in dichten Schirmrispen, die ab September rot, orange oder gelb reifen und bis in den Winter hinein haften. Die Sorten variieren zwischen 2 und 4 m Wuchshöhe; 'Teton' gilt als sehr widerstandsfähig gegen Feuerbrand.

Kompakte Augenweiden

Die 1–1,5 m hohe Apfelbeere *(Aronia melanocarpa)* blüht weiß, zeigt eine schöne rote Herbstfärbung und wartet mit erbsengroßen,

schwarzen, vitaminreichen Beeren auf, die ab August/September reifen und frisch wie verarbeitet sehr lecker schmecken. Schönheiten mit schmackhaften Früchten sind auch die 0,8–3 m hohen, teils bedornten Zierquitten *(Chaenomeles)*. Im Frühling öffnen sie aparte, schalenförmige Blüten in Rot-, Rosatönen oder Weiß. Aus ihnen entstehen quittenähnliche, grüne, ab August gelbe, duftende Früchte. Sie sind vitaminreich und lassen sich prima zu Marmelade, Gelee oder Kompott verarbeiten.

LINKS: Die lila Beeren des Liebesperlenstrauchs werden von Vögeln teils nur zögerlich probiert. Für Menschen sind sie schwach giftig.

MITTE LINKS: Attraktiv, jedoch sehr giftig, sind die karminroten Kapselfrüchte und orangefarbenen Samen des Pfaffenhütchens.

MTTE RECHTS: Zu den sehr ansprechenden, aber hochgiftigen Fruchtgehölzen zählt auch die immergrüne Stechpalme.

RECHTS: Der stark bedornte, reich fruchtende Feuerdorn ist ein wertvolles Vogelschutzgehölz. Seine Früchte gelten als schwach giftig.

Die große Gattung Cotoneaster hat einige hübsche 2–4 m hohe Arten zu bieten. Dazu zählen die Vielblütige Strauchmispel *(C. multiflorus)* und die immergrüne Weidenblättrige Strauchmispel *(C. salicifolius)*, beide mit zahlreichen, erbsengroßen, leuchtend roten Früchten. Weitaus häufiger sieht man diesen üppigen (schwach giftigen) Fruchtschmuck allerdings an niedrigen Arten und Sorten, die teils am Boden kriechen; so etwa die wintergrüne Teppichzwergmispel *(C. dammeri)* und die Fächerzwergmispel *(C. horizontalis)* mit orangerotem Herbstlaub.

Immergrüne, dornig gezähnte, dunkelgrüne, über Winter rötliche Blätter sind ein Kennzeichen der 0,5–1,5 m hohen Mahonie *(Mahonia aquifolium)*. Sie kommt mit Sonne und Schatten ebenso zurecht wie mit der Wurzelkonkurrenz größerer Gehölze. Dabei ist sie alles andere als eine »Notlösung«: Sie erfreut im Spätfrühling mit gelben, duftenden Blütenrispen und schon ab Sommer mit hübschen, blau bereiften Beeren. Diese sind zwar roh leicht giftig, lassen sich aber nach voller Ausreife und Entfernen der Samen zu Marmelade oder Saft verarbeiten.

Herbstliche Topfgärten

Leuchtendes Spätjahr auf Balkon und Terrasse

Wenn die Sommerblumen in Kästen und Töpfen verblühen, lohnt sich auf jeden Fall eine neue Bepflanzungsrunde. Balkon und Terrasse laden zwar nicht mehr zum gemütlichen Aufenthalt ein. Aber nun kann jeder Blick auf herbst- und winterschöne Pflanzen trübe Spätjahrsstimmungen vertreiben und die Laune heben.

Die altbewährten, farbenfrohen Spätjahrsblüher wie Herbstchrysanthemen, Kissenastern, Stiefmütterchen und Alpenveilchen bringen Pflanzgefäße nochmals richtig zum Leuchten. Doch sie sind »Saisonstars«, die sich meist im Lauf des November verabschieden. Deshalb ist es ratsam, gleich für die Folgewochen vorzusorgen – mit den wenigen unverzagten Winterblühern und mit frostharten Blatt- und Fruchtschmuckgewächsen. Eine Ausnahme unter den Herbst-

klassikern sind die rosa bis rot blühenden Fetthennen (Sedum telephium, S. spectabile): Sie bleiben noch mit welken Blütenständen ansehnlich, treiben im Frühjahr bald neu aus und können gut über Jahre im Kübel bleiben

Unterstützung für Ausdauernde

Damit ausdauernde Pflanzen und Winterschönheiten die kalte Jahreszeit gut überstehen, sollten die Pflanzgefäße frostfest sein. Bei Kunststoffkästen und -töpfen rentieren sich ein paar Euro mehr für hochwertige, dickwandige Ausführungen. Das gilt auch für die ohnehin nicht billigen, aber sehr dekorativen Terrakottagefäße: Zuverlässig frostfest sind sie nur bei entsprechender Qualität. Froststabil und zudem leichter sind Fiberglas- und Eternitgefäße, die es allerdings meist nur in Grautönen gibt.

Während die Saisonblüher noch gut in Blumenerde gedeihen, empfiehlt sich für länger verweilenden Schönheiten eine Kübelpflanzen- oder Dachgartenerde, die bei Dauerkultur alle ein bis zwei Jahre durch frisches Substrat ersetzt wird. Denken Sie außerdem daran, immergrüne Pflanzen an frostfreien Tagen gelegentlich zu gießen.

grünzeug Spezial:

Saison- oder Dauerkultur?

Die meisten Herbst- und Winterschönheiten sind mehrjährig. Doch nachdem sie die kalte Jahreszeit bereichert haben, wirken viele eher bescheiden, manche Stauden ziehen sogar komplett ein. Auf einer geräumigen Terrasse und in großen Pflanztrögen lässt sich das durch eine geschickte Mischpflanzung ausgleichen. Bei begrenztem Platz allerdings ersetzt man solche Pflanzen besser durch hübsche Frühjahrs- und Sommerblüher – und pflanzt sie, wenn möglich, im Frühling in den Garten. Das empfiehlt sich auch für größer werdende Immergrüne wie Skimmie und Torfmyrte sowie für Christrosen, die sich im Topf auf Dauer nicht wohlfühlen.

Aparte Winterblüten

Heiden prägen mit ihrem rosa, roten oder weißen Flor den Balkonherbst und -winter. Dabei gilt es zu unterscheiden zwischen der Schneeheide (*Erica carnea*), die als »echter« Winterblüher zwischen November und Mai ihre Glöckchenblüten öffnet, und der Besenheide (*Calluna vulgaris*), ursprünglich ein Spätsommerblüher. Durch Züchtung der sogenannten Knospenblüher gelang es, ihre Blütezeit bis in den Frühwinter zu verlängern – doch spätestens gegen Ende des Jahres muss die Schneeheide dann übernehmen.

RECHTS: Die schmucken Beeren der immergrünen Torfmyrte haften bis weit in den Winter hinein. Sie braucht saure Rhododendronerde. Anfangs passt sie noch in Blumenkästen, wird später aber bis 1 m hoch und breit.

Wirkliche Winterblüten, zwischen November und April, kann ansonsten nur die Christrose (*Helleborus niger*) bieten; außerdem der hoch klimmende, strauchige Winterjasmin (*Jasminum nudiflorum*), wenn er in einem großen Kübel gezogen wird.

Zierende Vielfalt

Winterblüher sind zwar rar, doch das Angebot an Herbstblühern, die die kleine Palette von Chrysanthemen & Co. erweitern, erhielt in neuerer Zeit attraktiven Zuwachs; so beispielsweise durch die blaue Bleiwurz (*Ceratostigma plumbaginoides*) und das leuchtend gelbe Goldköpfchen (*Ajania*). Vor allem aber hat der Blattschmuck, den bisher hauptsächlich Silberblatt (*Senecio cineraria*) und Zwergnadelgehölze übernahmen, reizvolle Vertreter hinzugewonnen. Dazu zählen neben der bizarren, silbrigen Stacheldrahtpflanze (*Calocephalus brownii*) vor allem die wintergrünen Purpurglöckchen (*Heuchera*) mit wunderschön gefärbten Blättern in unzähligen Rot-, Braun- und Gelbnuancen sowie der ebenfalls wintergrüne Günsel (*Ajuga reptans*) in rotblättrigen Sorten.

Optimal abgerundet werden Herbst- und Winterpflanzungen durch den lang anhaltenden Fruchtschmuck kleiner, immergrüner Gehölze, wie Skimmie (*Skimmia japonica*), Torfmyrte (*Pernettya mucronata*) und Scheinbeere (*Gaultheria procumbens*).

Weinreben

Zierende Klettergehölze mit köstlichen Früchten

Man muss kein Hobbywinzer werden, um Weinstöcke im Garten zu pflanzen: Geeignete Tafeltraubensorten liefern köstliche Beeren zum Naschen und werden in zunehmend größerer Auswahl für den Hausgarten angeboten. Viele sind so robust, dass sie auch in kälteren Regionen gedeihen und reich fruchten, wenn sie einen geschützten Platz erhalten.

Besonders gut eignet sich eine sonnige, nach Süden weisende Hauswand, an der die Weinrebe an einem Rankgitter oder Drahtgerüst hochgezogen wird. So zeigt sie sich von ihrer schönsten Seite: als attraktives, mehrere Meter hoch rankendes Klettergehölz mit großen, dekorativen Blättern, die auch Pergolen lauschig beschatten können. Viele blaufrüchtige Sorten begeistern zudem mit prächtiger roter Herbstfärbung. Weinreben können sogar Terrassen und Balkone verschönern, denn sie lassen sich auch in großen Kübeln ziehen.

Wege zur eigenen Weinrebe

Weinreben gibt es in Gartencentern und bei vielen Pflanzenversendern. Wenn Sie allerdings eine gute Beratung wünschen, sind Baum- und Rebschulen die besten Adressen. Sie bieten zudem vorzugsweise Sorten an, die sich im Klima Ihrer Region bewährt haben. In der Regel erhält man im Container gezogene Topfreben, die sich – außer bei Frost – jederzeit setzen lassen. Der beste Pflanztermin ist das späte Frühjahr.

Die Sortenwahl ist zunächst einmal »Geschmacksache« und eine Frage der bevorzugten Traubenfarbe. Neben Sorten mit grün bis gelb oder blau reifenden Beeren werden auch Züchtungen mit rosa Trauben angeboten. Frühe Sorten reifen je nach Region und Wetter zwischen Ende August und Ende September, mittelfrühe von Ende September bis Anfang Oktober und späte gegen Mitte oder Ende Oktober. Für rauere Lagen empfehlen sich frühe bis mittelfrühe Sorten, die noch in der Frühherbstsonne gut ausreifen. Sehr wichtig ist außerdem die Widerstandsfähigkeit gegen Mehltau und andere Pilzkrankheiten. Denn häufiges Spritzen von Fungiziden kommt im Garten und erst recht an der Hauswand nicht infrage; zudem wäre das in den höheren Etagen der Klettergehölze äußerst mühsam.

grünzeug Spezial:

Nur Propfreben pflanzen

Meiden Sie dubiose Billigangebote oder von anderen Hobbygärtnern vermehrte Reben, wenn nicht sicher ist, dass sie auf geeignete Wurzelunterlagen veredelt wurden. Als Pflanzgut kommen nur sogenannte Propfreben infrage. Diese wachsen auf sorgfältig ausgewählten Unterlagen mit guter Widerstandskraft gegen die Reblaus. Dieser Schädling zerstört die Wurzeln, sodass die ganze Pflanze abstirbt, und ist zudem sehr ausbreitungsfreudig. Reblausresistente Unterlagen sind das einzig wirksame Gegenmittel. Informieren Sie bei einem Verdacht auf Reblausbefall unbedingt das zuständige Pflanzenschutzamt.

Kleiner Sortenüberblick

Gute, weitgehend pilzfeste Sorten mit grünen bis gelben Trauben sind beispielsweise 'Perle von Zala' (früh, sehr frosthart), 'Franziska' (mittelfrüh, große Trauben), 'Glenora' (mittelfrüh, sehr frosthart), 'Lakemont' (mittelfrüh, kernlos) und 'Romulus' (mittelfrüh, kernarm,

RECHTS: Tafeltrauben sind das ideale Naschobst: direkt von der Rebe in den Mund bzw. in die Fruchtschale. Sie haben oft größere Beeren und etwas dickere Schalen als die Keltersorten für die Weinherstellung.

gut frosthart, rötliche Herbstfärbung). Empfehlenswerte blaue Sorten sind z.B. 'Königliche Esther' (früh, kernarm, rote Herbstfärbung), 'Osella' (früh, blaurote Trauben, sehr frosthart, rote Herbstfärbung), 'Venus' (früh, kernlos, sehr pilzfest, rote Herbstfärbung), 'New York Muscat' (früh bis mittelfrüh, sehr pilzfest und frosthart, rotviolette Herbstfärbung), 'Souvenir' (mittelfrüh, sehr süße, dattelähnliche Früchte) und 'Georg' (mittelfrüh bis mittelspät, sehr pilzfest und frosthart). Schmackhafte rosa bis rote Trauben liefern die bewährten Sorten 'Suffolk Red' (früh, kernlos) und 'Vanessa' (mittelfrüh, kernlos) sowie die sehr pilz- und frostfeste Neuzüchtung 'Katharina' (mittelfrüh bis mittelspät).

Standortwahl und Pflanzung

Viel Sonne und Wärme sind wichtige Voraussetzungen für gesundes Wachstum und süße Trauben. An den Boden dagegen stellen Weinreben geringe Ansprüche. Sofern er nicht zu Verdichtung neigt, ist ihnen jeder normale Gartenboden recht. In tonhaltigen Böden wird am besten feiner Kies oder Splitt eingearbeitet. Reben mögen es nicht allzu feucht und sollten auch nicht übermäßig mit Nährstoffen

versorgt werden. Zuviel Stickstoff macht sie anfälliger für Pilzkrankheiten und Kälteschäden. Falls gedüngt werden muss, eignen sich kalium- und magnesiumbetonte Volldünger.

Graben Sie für Ihre Rebe ein großzügiges Pflanzloch, gut doppelt so breit wie der Wurzelballen und 30–40 cm tief. Lockern Sie die Sohle der Grube und füllen Sie etwas Aushub ein, bis die Pflanze in der richtigen Höhe sitzt: Die verdickte Veredlungsstelle sollte etwa 5 cm über die Bodenoberfläche kommen. Nach dem Auffüllen und Andrücken der Erde wird kräftig angegossen. In der Folgezeit ist es wichtig, den Boden zwar feucht, aber nicht nass zu halten.

Beim Pflanzen an der Hauswand sollten Klettergerüste mit mindestens 10 cm Abstand zur Fassade angebracht werden, mithilfe von Holzklötzen oder Latten als Abstandshalter. Der Wurzelballen wird hier am besten etwas schräg zur Kletterhilfe hin eingesetzt, rund 40 cm von der Mauer entfernt. So bleiben die Wurzeln außerhalb der »Trockenzone« direkt an der Hauswand. Sollen mehrere Weinreben gesetzt werden, empfiehlt sich ein Pflanzabstand von 1,5–3 m, je nach Erziehungsform.

Topfreben haben meist schon einen verholzten Haupttrieb mit zwei bis vier jungen, grünen Seitentrieben. Ein Pflanzschnitt wird dann nur nötig, falls man einen besonderen Aufbau, etwa als Kordon, anstrebt. Der Haupttrieb sollte anfangs an einem Stützstab direkt neben der Pflanze aufgebunden werden, damit er gerade wächst. Später werden dann die kräftigen Neutriebe locker am Klettergerüst angebunden und der Stab entfernt.

Zwanglose Rebenerziehung

Der Weinrebenschnitt gilt als recht kompliziert. Das liegt aber viel daran, dass sich Schnitthinweise häufig auf ausgefeilte Praktiken bezie-

UNTEN: Triebe, die im Jahr zuvor Trauben getragen haben, werden im Frühling auf kurze Zapfen mit zwei Augen zurückgeschnitten.

RECHTS: Schmucke Hausbegrünung: Ein mit etwas Abstand angebrachtes Gerüst fördert die Luftzirkulation zwischen Rebe und Fassade.

Wann schneide ich meine Weinreben am besten?

Kugels Rat: Den Schnitt meines Weinspaliers zu Hause erledige ich meist an einem sonnigen Tag Ende Januar. Es kann ja sogar Schnee liegen, Hauptsache das Holz der Reben ist nicht gefroren. Schneiden Sie die Reben aber nicht zu spät, also gegen Ende Februar oder Anfang März, denn die Neigung zum »Ausbluten« nimmt ab dieser Zeit stark zu. Der starke Saftverlust tritt ein, wenn der Frühling naht und die Weinreben sich für den Austrieb der Blätter bereit machen. Aber keine Angst: Der Saftaustritt bringt die Pflanzen nicht um, sondern schwächt sie nur etwas.

hen, etwa auf die akkurate Erziehung als Kordon am Drahtspalier oder auf den Profischnitt der Keltersorten. Grundsätzlich aber nehmen Reben beim Schnitt kaum etwas krumm. Im Garten geht es vor allem darum, dass sich immer wieder junge, fruchttragende Seitentriebe bilden und die Pflanze nicht frühzeitig vergreist.

Bei einer sehr »radikalen« Erziehung kann die Rebe im Wesentlichen aus einem kurzen Stamm bestehen, mit immer wieder erneuerten, geschnittenen Seitentrieben. Soll sie aber als schönes Klettergehölz wachsen, wählt man einen oder mehrere Haupttriebe als Gerüstäste aus. Diese können z. B. fächerartig angeordnet oder ganz formlos wie Girlanden verteilt werden. Ansonsten sind lediglich die diesjährigen Seitentriebe unverzichtbar, weil sie die Trauben tragen. Alles andere bleibt nur stehen, wenn daraus im nächsten Jahr neue Fruchttriebe wachsen oder die Ranken schön ins angestrebte Wuchsbild passen. Insgesamt sollte die Rebe »luftig« bleiben, um Pilzkrankheiten vorzubeugen und genug Licht an alle Trauben zu lassen.

Die wichtigsten Schnittmaßnahmen

Weinreben fruchten nur an diesjährigen Trieben, die von einjährigen Trieben aus dem Vorjahr abzweigen. Deshalb schneidet man einjährige Triebe bzw. solche, die im Vorjahr Trauben brachten, gegen Ende Februar/Anfang März regelmäßig zurück – und zwar auf kurze Zapfen mit zwei Augen (Knospenanlagen). Schneiden Sie dabei stets 1–2 cm über dem oberen Auge, damit dieses nicht austrocknen kann. Aus diesen beiden Augen entwickeln sich neue Fruchttriebe, die im nächsten Frühjahr wieder entsprechend eingekürzt werden. So entstehen zunehmend verdickte, aber kurz bleibende Zapfen.

Wenn Sie im Frühsommer dann noch längere Triebe aufbinden, steile »Wasserschosse« entfernen und lange Fruchttriebe auf sechs bis acht Blätter über der letzten Traube einkürzen, winkt eine köstliche Ernte. Diese muss allerdings öfter mit engmaschigen Netzen vor Vögeln und Wespen geschützt werden.

Fit mit Hagebutten

Herbstschmuck, der die Immunkräfte stärkt

Rosensorten mit prächtigem Flor bis zum Herbst gibt es in gewaltiger Fülle. Trotzdem gehören auch die bescheidener blühenden Hagebuttenrosen zum festen Sortiment von Rosengärtnereien. Denn viele Gartenbesitzer wollen den leuchtenden Spätjahrsschmuck der Hagebutten nicht missen. Auch Vögel wissen diese Früchte sehr zu schätzen. Sie lassen aber oft genug davon hängen, sodass die lang haftenden Hagebutten selbst noch im Winter den Garten zieren. Als Herbst- und Winterdekoration lassen sich Hagebuttenzweige auch sehr schön in der Floristik nutzen.

Mit ihren hohen Vitamin- und anderen Vitalstoffgehalten sind Hagebutten zudem wahre »Gesundheitsbomben«, die die Abwehrkräfte in der kalten Jahreszeit optimal stärken. Und bei all dem schmecken sie auch noch sehr lecker, wenn man sie z.B. zu Marmelade, Mus oder Fruchtwein verarbeitet.

Attraktive Hagebuttenrosen

Als »die« Hagebuttenrose schlechthin gilt die bei uns heimische Hunds- oder Heckenrose (Rosa canina), die schon in den mittelalterlichen Klostergärten kultiviert und als Heilpflanze genutzt wurde. Die 2–3 m hohe Hundsrose mit ihren schalenförmigen, weißrosa Blüten und scharlachroten Hagenbutten ist bis heute die medizinisch wichtigste Art, von der man Hagebuttentees und -extrakte gewinnt. Daneben bilden auch viele andere Wildrosen gesunde und oft sehr attraktive Hagebutten, je nach Art eiförmig oder kugelig, groß oder klein, orange, rot oder auch schwarz gefärbt. Große, rote Früchte, die sich gut verarbeiten lassen, liefern beispielsweise die Kartoffelrose *(R. rugosa)* und die Apfelrose *(R. villosa).*

grünzeug Spezial:

Stärkender Hagebuttentee

Hagebuttentee hilft nicht nur gut über Erkältungen hinweg, sondern lässt sich jederzeit als angenehm fruchtiges, vitamin- und mineralstoffreiches Getränk genießen – auch gekühlt und mit Fruchtsäften gemischt zur Erfrischung. Er wird am besten aus getrockneten, zumindest leicht angetrockneten, zerkleinerten Schalen zubereitet. Davon überbrüht man vier bis acht Teelöffel mit 1 Liter sprudelnd kochendem Wasser und lässt das Ganze dann 10 bis 15 Minuten ziehen. Zum Süßen ist Honig ideal; etwas frisch gepresster Zitronensaft kann den Geschmack abrunden. Gesund und schmackhaft sind auch Teemischungen, z. B. mit Zitronenmelisse, Salbei oder Lindenblüten.

Aber auch etliche Gartenrosen mit sehr ansehnlichem Flor zeigen im Herbst schöne Hagebutten, vor allem die einmal- und ungefüllt blühenden Sorten, von der stattlichen Strauchrose 'Scharlachglut' bis zur Kleinstrauchrose 'Red Nelly'. Und selbst einige öfterblühende Sorten können mit Hagebutten aufwarten, wenn die verwelkten Blütenstände nicht entfernt werden. Hierzu zählen mehrere kleine Strauchrosen, darunter die karminrot blühende 'Nur Mahal' und die weißrosa 'Schneekoppe', beide mit halb gefüllten Blüten.

RECHTS: Aus den weißen, rosa überhauchten Schalenblüten der Hunds- oder Heckenrose entwickeln sich die charakteristischen eiförmigen, bis 2,5 cm langen Hagebutten, die ab September scharlachrot ausreifen.

Heilsame Butzen mit Juckpulver

Die Bezeichnung Hagebutte lässt sich leicht herleiten: »Hag« war der germanische Name für eine Hecke, »Butzen« ist ein alter, süddeutscher Begriff für klumpige Verdickungen. Schon Dioskurides, der berühmte Arzt des Altertums, lobte die Heilkraft der Hagenbutten. Im Mittelalter wurden die fleischigen Schalen gegen eine Vielzahl von Erkrankungen eingesetzt, von Erkältung, Rheuma und Gicht über Magen-, Darm- und Gallenprobleme bis hin zu Ödemen. Hagebutten weisen unter allen Früchten die höchsten Vitamin-C-Gehalte auf und enthalten außerdem reichlich B-Vitamine, Provitamin A und Mineralstoffe sowie Pektine. Zur Vorbeugung und Linderung von Erkältungskrankheiten sind Hagebuttentees und ähnliche Anwendungen deshalb auch heute noch anerkannte, wertvolle Heilmittel der Natur.

In neuerer Zeit wurde außerdem ein entzündungshemmender Inhaltsstoff identifiziert, der wirksam Arthroseschmerzen lindert. Diese Substanz ist allerdings hitzeempfindlich, kommt also in Tees, Marmeladen und anderen Zubereitungen kaum zur Geltung, sondern nur in konzentrierten Fertigpräparaten aus der Apotheke.

Bei den Hagebutten handelt es sich, botanisch genau betrachtet, um Sammelfrüchte: Die farbigen, fleischigen Fruchtfleischhüllen umschließen kleine Einzelfrüchte, die Nüsschen, die oft für Samen gehal-

ten werden. Wegen ihrer borstenartigen Härchen waren sie früher ein beliebtes »Juckpulver« für Kinderstreiche. Gaumen und Zunge bekommt das überhaupt nicht, deshalb müssen sie vor dem Verarbeiten der Hagebutten entfernt werden. Wenn man die Nüsschen allerdings gründlich wäscht und trocknet, kann man daraus einen wohlschmeckenden »Kernlestee« bereiten, der in der Volksmedizin bei Nieren- und Blasenerkrankungen, Steinleiden und rheumatischen Beschwerden eingesetzt wird.

Ernten und verarbeiten

Manche Hagebutten reifen schon gegen Mitte September, Haupterntezeit ist im Oktober und November. Reife Hagebutten sind gut ausgefärbt und fühlen sich schon etwas weich an. Frosteinwirkung ist nicht unbedingt nötig, aber vorteilhaft: Die Hagebutten werden weicher, Fruchtfleisch und Nüsschen lassen sich leichter trennen und das süßsaure Fruchtfleisch schmeckt weniger herb.

Nach dem Entfernen der Stiele und Kelchreste folgt der aufwendigste Arbeitsschritt: das Entfernen der Kerne, also der Nüsschen, samt Härchen. Nach der »klassischen« Methode werden die Hagebutten halbiert, die Kerne sorgfältig mit einem kleinen Löffel ausgeschabt und die Fruchtschalen danach gründlich abgespült. Sollen die Schalen für Tees genutzt und getrocknet werden, bleibt einem nur dieses mühsame Verfahren.

Etwas einfacher ist die übliche Vorgehensweise für die Marmeladen- und Saftzubereitung: Man kocht die halbierten Hagebutten etwa eine halbe Stunde und streicht die Masse dann durch ein feines Sieb, an dem die Kerne hängen bleiben. So verliert man zwar auch etwas Fruchtfleisch samt Vitaminen, spart aber viel Zeit. Noch leichter geht es mit einem Passiergerät (»Flotte Lotte«) oder einem Fleischwolf mit speziellem Fruchtpressenaufsatz.

LINKS: Vom Tee, der Erkältungen vorbeugt, bis zum leckeren Sirup oder Likör: Die hübschen »Butzen« lassen sich vielfältig nutzen.

RECHTS: Der Winter kann kommen – mit einigen Gläsern Hagebuttenmarmelade ist man für die kalte Jahreszeit gut gerüstet.

Wie ernte ich Hagebutten eigentlich richtig?

Kugels Rat: Ernten Sie nur vollreife Hagebutten, denn unreife oder sogar überreife Früchte enthalten wenig Vitamin C. Die Früchte der Kartoffelrose *(Rosa rugosa)* haben mit ca. 850 mg pro 100 g Frischsubstanz den höchsten Vitamin-C-Gehalt aller Hagebutten-Fruchtrosen! Marmelade aus Hagebuttenmark ist für mich eine der schönsten Kindheitserinnerungen.

Leckeres aus Hagebutten

Marmelade, Mus, Gelee, Sirup, Saft, Most, Fruchtwein, Likör: Es gibt unzählige Varianten und Rezepte zum Verarbeiten von Hagebutten. Marmelade, Mus und ähnliche Zubereitungen sind nicht nur feine Brotaufstriche, sondern können auch für Süßspeisen verwendet werden sowie Soßen abrunden, etwa zu Rinderbraten und Wildgerichten.

Hagebuttensaft zählt zu den einfachsten Zubereitungen. Für 1 l brauchen Sie 2 kg Hagebutten. Nach dem oben beschriebenen Kochen und Passieren der halbierten Früchte gibt man 250 g Einmachzucker dazu, kocht den Saft fünf Minuten lang auf und füllt ihn sofort heiß in Flaschen ab. Der Saft lässt sich gut für die verschiedensten Mixgetränke nutzen – und leicht in ein köstliches Gelee verwandeln.

Für Gelee wird 1 l Hagebuttensaft mit etwas frisch gepresstem Zitronen- und Orangensaft sowie einer Zimtstange rund fünf Minuten auf kleiner Stufe gekocht. Dann rührt man 500 g Gelierzucker unter und kocht das Ganze einige Minuten, bis es ausreichend fest ist. Nun kommt das noch heiße Gelee in Marmeladengläser, die man gleich verschließt und für eine halbe Stunde auf den Deckel stellt.

Marmelade bereitet man wiederum aus der zuvor gekochten und abgesiebten »Masse«, dem sogenannten Hagebuttenmark. 3 kg Hagebutten reichen für rund 10 Gläser. Deren Mark wird mit 1,5–3 kg Zucker aufgekocht, je nach Süße des Fruchtfleischs. Weitere passende Zutaten sind Zimt, Nelkenpulver, Apfel, Birne, Zitrone oder Orange.

All diese Zutaten eignen sich auch für Hagebuttenlikör. Er kann aus Hagebuttenmark oder -saft hergestellt werden, unter Zugabe von 1 l Korn, Wodka oder Weinbrand sowie 300 g Rohrzucker pro 1 kg Hagebutten. Den fertigen Ansatz lässt man dann rund zwei Monate in gut verschlossenen Flaschen ziehen – um schließlich ein sehr leckeres Tröpfchen zu genießen.

Staudenbeete anlegen

Vielseitigkeitskünstler für jeden Garten

Stauden sind mehrjährige, ausdauernde Pflanzen, die — im Gegensatz zu Bäumen und Sträuchern — keine holzigen Triebe bilden, sondern sich den Winter über unter die Erde zurückziehen. Im Frühling gehören sie zu den ersten Blühern im Garten, schon im Februar erscheinen Winterlinge, Schneeglöckchen und Krokusse. Im Sommer schließen sich die Prachtstauden an. Im Herbst haben filigrane Gräser und Astern ihren Höhepunkt und im Winter sind die Samenstände attraktiv. Manche Stauden haben auch im Winter grüne Blätter, bei den meisten sterben sie aber im Herbst ab und ziehen sich in der kalten Jahreszeit unter die Erde zurück. Sie treiben im Frühling dann neu aus dem Wurzelstock mit frischen Trieben aus.

Stauden bestechen durch ihre Vielfalt und ihre Lebendigkeit. Sie verändern sich im Laufe des Jahres enorm: im Frühling der zarte Austrieb, im Sommer saftige Triebe und Blüten, im Herbst attraktive Samenstände und im Winter Raureif und Schnee auf trockenen Stängeln. So entstehen immer wieder neue, reizvolle Bilder im Garten. Mit Stauden können Sie Lebensräume schaffen, sie können romantisch, kraftvoll, verspielt, anregend oder dezent wirken.

Der richtige Standort

Der Standort bestimmt die Staude, und nicht umgekehrt. Schattenstauden wie Farne verbrennen förmlich in der prallen Sonne. Sonnenanbeter wie Taglilien kümmern im Schatten. Nur wenn sich die Pflanzen an dem ihnen zugeteilten Platz im Garten wohl fühlen, wachsen und blühen sie prächtig und Sie haben viele Jahre Freude an ihnen. Wenn Standort und Boden nicht passen, bleibt der Wuchs kümmerlich und Krankheiten sowie Schädlinge haben mit den geschwächten Pflanzen ein leichtes Spiel.

Bekommt der Platz mehr als sechs Stunden Sonne am Tag, und das auch noch in der Mittagszeit, ist er ideal für sonnenliebende Stauden. Bei drei bis fünf Stunden spricht man von einem halbschattigen Standort und wenn an weniger als drei Stunden pro Tag die Sonne auf den Boden gelangt, von einem schattigen Standort.

grünzeug Spezial:

Am besten im Herbst

Die beste Jahreszeit zum Anlegen eines Staudenbeetes ist der Herbst. Das liegt einmal daran, dass viele Stauden, die jetzt gepflanzt werden, noch einwurzeln können, um dann im nächsten Frühling richtig durchzustarten. Der zweite Vorteil besteht darin, dass alle frühlingsblühenden Zwiebelblumen im September/Oktober in die Erde kommen müssen. Die Zwiebeln können auch unter die Stauden gelegt bzw. gepflanzt werden, sie wachsen dann im Frühjahr einfach durch deren Wurzelballen durch. Sie sorgen für Farbe im Beet, bis die Stauden ihre Pracht entfalten.

Staudenpflege

Ganz ohne Pflege geht es nicht, und so ist es ratsam, hohe Prachtstauden mit Stäben oder einem Staudenring vor dem Umkippen zu schützen. Bei länger anhaltender Trockenheit im Sommer ist Gießen ratsam. Ansonsten beschränkt sich die Pflege im Staudenbeet auf das Auszupfen oder -schneiden von Abgeblühtem und gelegentliches Unkrautjäten. Im Herbst können die Stängel ruhig stehen bleiben, sie sind auch im Winter attraktiv und müssen erst im Februar, kurz bevor die neue Gartensaison losgeht, abgeschnitten werden.

RECHTS: Hohe Stauden und solche mit großen, schweren Blüten sind für eine Stütze dankbar. So verhindern Sie, dass sie bei Regen oder Wind umknicken oder gar abbrechen.

Ein Staudenbeet vorbereiten

Ein Staudenbeet braucht, einmal angelegt, viel weniger Pflege als zum Beispiel ein Beet mit Sommerblumen, welches jedes Jahr neu bepflanzt werden muss. Damit die Stauden schnell anwachsen und prächtig gedeihen, ist eine Bodenvorbereitung sinnvoll. Die beste Pflanzzeit ist der Frühling im März/April und der Herbst im September/Oktober. Dann wachsen die Pflanzen am besten an.

Markieren Sie mit Sand die Beetränder oder die Umrisse derjenigen Flächen, die bepflanzt werden sollen. Dazu können Sie die Umrisse mit Sand oder Sägemehl abstreuen. Wenn Sie unschlüssig sind, wie die Umrandungen verlaufen sollen, legen Sie einfach einen Gartenschlauch aus, statt Sand zu streuen. So können Sie die Grenzen beliebig oft ändern. Der Schlauch hat auch den Vorteil, dass Sie mit ihm schöne, geschwungene und natürlich wirkende Linien legen können.

Vor der Pflanzung muss das zukünftige Beet von Gras, Unkraut und Wurzeln befreit werden. Graben Sie das Beet spatentief um, die Erdschollen werden dann kleingehackt und mit einem Rechen glattgezogen. Beim Umgraben werden Unkrautsamen aus dem Oberboden nach unten verlagert und können nicht mehr keimen. Damit sich keine Wurzelunkräuter wie Giersch und Ackerwinde ausbreiten können, ist es wichtig, möglichst alle Unkrautwurzeln aus dem lockeren Boden herauszuklauben, das spart das spätere Jäten.

Damit die Stauden nach der Pflanzung einen guten Start bekommen, sollte der Boden mit Humus und organischem Dünger angereichert werden. Am einfachsten geht das mit Kompost, der gleichzeitig auch noch Nährstoffe liefert. Grüngutkompost gibt es kostenlos aus dem eigenen Garten oder günstig im Gartencenter. Pro Quadratmeter Beetfläche reichen 20–30 l. Torf ist zur Bodenverbesserung nicht sinnvoll, da er schnell verrottet und den Humusgehalt nicht dauerhaft erhöht.

Verteilen Sie den Kompost mit dem Rechen auf der Beet-Oberfläche. Durch gleichmäßiges Hin- und Herharken wird der Kompost eingearbeitet. Dabei werden größere Erdklumpen gleich weiter zerkleinert. Wird ein Kiesgarten angelegt, verwenden Sie statt Kompost Sand. Dadurch wird der Boden leichter und durchlässiger: Trockenkünstler wie Iris, Lavendel und Yucca lieben das. Hier darf es schon mal mehr sein. 10–20 cm Sand als Oberschicht sind ein guter Richtwert.

Die Beetbepflanzung

Im Frühling ab März/April geht es los, nun ist für die meisten Stauden die beste Pflanzzeit. Das Wachstum beginnt sich zu regen und

In welcher Reihenfolge gehe ich beim Bepflanzen vor?

Kugels Rat: Bei der Pflanzung eines Staudenbeetes gehe ich schrittweise vor:
- Erst werden die hohen Solitärstauden bzw. Gräser oder einzelne Gehölze platziert.
- Dann erst wird das »Staudengerüst« in Gruppen platziert.
- Jetzt ist Zeit für die erste »Pflanzrunde«.
- Zum Schluss platzieren wir die Bodendeckerstauden dazwischen und pflanzen sie direkt danach. Dieses überlegte, schrittweise Pflanzen garantiert, dass die Pflanzen gleichmäßig verteilt werden und man vor dem Einpflanzen der höheren Stauden noch die Möglichkeit hat, Korrekturen am Gesamtbild vorzunehmen. Einfach an einer Ecke loslegen und wild »drauflospflanzen« gibt meist kein schönes Ergebnis.

Material und Werkzeug

- Sand oder Gartenschlauch zum Markieren der Pflanzflächen
- Spaten oder Grabegabel zum Umgraben
- Kompost und/oder Sand zur Bodenverbesserung
- Rechen zum Glattziehen
- Stauden und Gräser zum Pflanzen
- Schubkarre zum Transport
- Gartenschere zum Töpfe zerschneiden
- Handschaufel zum Pflanzen

die Pflanzen wachsen nahtlos auf dem neuen Platz im Beet weiter. Stellen Sie die Töpfe im Abstand von 30–50 cm auf dem Beet aus; Blumen und Gräser im Wechsel, bis das Gesamtbild stimmt. Treten Sie immer wieder einmal ein paar Schritte zurück und betrachten das Beet mit etwas Abstand. Auch wenn noch nichts blüht, können Sie sich mit ein bisschen Fantasie vorstellen, wie sich welche Pflanze entwickelt, wie groß sie wird und wie viel Platz sie braucht.

Wenn Sie die Töpfe vor dem Pflanzen gießen, lassen sich die Ballen leichter aus dem Topf ziehen. Sitzt der Wurzelballen fest, zerschneiden Sie den Topf einfach mit einer Blumenschere. Das Pflanzloch wird mit dem Spaten oder mit einer Handschaufel ausgehoben. Es muss genauso tief sein, wie der Topf hoch ist. Wenn die Wurzeln dicht an dicht im Kreis im Topf gewachsen sind, schneiden Sie diese mit einem Messer ein oder kratzen sie mit einer Gartenkralle auf, damit sie schnell in den umliegenden Boden wachsen.

Nach dem Pflanzen das ganze Beet gründlich angießen, am besten mit einem Rasensprenger oder Regner, bis der Boden etwa 20 cm tief durchfeuchtet ist. Stechen Sie mit einer Handschaufel einfach in die Erde, um zu überprüfen, wie tief das Wasser in den Boden eingesickert ist.

Achten Sie besonders in den ersten Wochen nach dem Pflanzen auf Unkraut. Solange die Stauden noch nicht so groß sind, dass sie den Boden bedecken, keimen Vogelmiere, Rispengras, Sauerklee und Franzosenkraut in den Lücken zwischen den Pflanzen. Hacken oder Zupfen Sie das Unkraut aus, wenn es noch klein und zart ist. Dann werden die Wurzeln der Stauden nicht gestört, wenn das Unkraut aus dem Boden gezogen wird.

OBEN LINKS: Legen Sie vor dem endgültigen Einpflanzen alle Stauden mit Topf auf der Beetfläche aus. **OBEN RECHTS:** Zum Austopfen den Topf vorsichtig an den Seiten eindrücken, damit sich die Wurzeln lösen. Leichter geht dies, wenn Sie die Pflanzen vorher gewässert haben. **UNTEN LINKS:** Mit einer Handschaufel wird ein Pflanzloch ausgehoben und die Staude so eingesetzt, dass die Erdoberfläche bündig mit der Substratoberfläche im Topf abschließt. **UNTEN RECHTS:** Ganz wichtig: Angießen nicht vergessen, damit die Wurzeln schneller anwachsen können.

Ein Hochbeet bauen

Gärtnern und Ernten ohne Rückenschmerzen

Ein Hochbeet ist eine willkommene Alternative zum Anbau von Gemüse in normalen, ebenerdigen Grundbeeten. Der größte Vorteil liegt in der bequemen Erreichbarkeit der Pflanzen. Statt sich zum Unkrautjäten, ernten und pflegen bücken zu müssen oder auf den Knien durch den Garten zu krabbeln, kann man die Pflanzen im Hochbeet einfach erreichen. Da ein Hochbeet im Prinzip nichts anderes darstellt, als ein überdimensionierter Pflanzkübel, der mit Substrat oder einem Erd-Kompost-Gemisch gefüllt wird, kann man hier auch Gewächse ziehen, die in der gewachsenen Erde nicht gedeihen wurden. Wenn sie einen sauren Boden haben, aber auf Kohl nicht verzichten möchten, dieser im Garten aber von Kohlhernie befallen wird, ist ein Hochbeet ideal. Oder wenn der Boden schwer und kalkhaltig ist, Sie aber gerne Heidelbeeren hätten? Mit einem Hochbeet ist der Anbau kein Problem.

Auch an der Terrasse bietet sich ein Hochbeet an, um die Pflanzen auf Augenhöhe zu haben, oder wenn das Grundstück am Hang liegt und ein normaler Gemüsegarten nicht angelegt werden kann. Statt die Fläche aufwendig mit Stützmauern abzufangen und einzuebnen, können Sie auch mehrere Hochbeete aufstellen, um Bodenunebenheiten auszugleichen.

Bausatz oder Selbstbau?

Es gibt heute fertige Bausätze für Hochbeete in den unterschiedlichsten Formen und Größen. Manche lassen sich nach und nach durch Zusatzmodule erweitern, oder durch Aufsätze, die mit Glas oder Folie bespannt sind, in Mini-Gewächshäuser oder erhöhte

Frühbeetkästen verwandeln. Bausätze haben den Vorteil, dass sie sich ohne viel Werkzeug in relativ kurzer Zeit aufbauen lassen, da alle Teile bereits vormontiert bzw. fertig zugeschnitten sind. Billiger, aber auch zeitaufwendiger ist der Selbstbau aus Brettern und Pflöcken.

Egal für welche Variante man sich entscheidet, wichtig ist eine Sicherung nach unten gegen Wühlmäuse und anderes Getier und ein Schutz der Innenwände gegen Feuchtigkeit, damit man lange Freude an seinem Hochbeet hat.

grünzeug Spezial:

Materialien zum Bau

Zum Bau von Hochbeeten eignen sich viele Materialien. Holz ist am einfachsten zu bearbeiten und in jeder Größe zu bekommen. Lärchen- und Robinienholz ist robust und trotzt Wind und Wetter relativ lange. Holz können Sie auch mit Farbe oder Lasur anstreichen und dem Garten einen neuen Look verpassen. Für niedrige Hochbeete eignen sich auch fertige Flechtzäune aus Weide, die jedoch von innen mit Folie ausgekleidet werden müssen, damit keine Erde zwischen den zweigen ausgespült wird. Besonders attraktiv, stabil und haltbar sind Hochbeete aus Ziegel- oder Natursteinmauerwerk. Sie können aber nach dem Bau nicht mehr umgesetzt oder verändert werden, daher muss man den Standort genau planen.

Bauweise

Ein Hochbeet kann aus Holz gebaut werden – das ist die günstigere und einfachere Variante, oder aus Steinen oder Ziegeln gemauert werden. Ein gemauertes Hochbeet sieht, wenn es ordentlich gebaut wurde, ungeheuer attraktiv aus, kann aber nicht versetzt oder an anderer Stelle wieder aufgebaut werden.

RECHTS: In Hochbeeten, hier aus Holz, können auch auf der Terrasse Kräuter und Gemüse angepflanzt werden oder dort, wo der Boden ungeeignet oder verdichtet ist.

Standort und Größe

Bevor es an den Bau geht, gilt es, den Standort und die Größe festzulegen. Die beste Ausrichtung des Beets ist, wie bei der Anlage eines Gemüsegrundbeets, die Nord-Süd-Richtung. Da die Sonne im Tagesverlauf von Ost nach West wandert, erhalten bei dieser Ausrichtung alle Pflanzen gleich viel Licht. Würde das Beet in Ost-West-Richtung angelegt, so lägen die Pflanzen auf der Nordseite im Schatten jener der Südseite.

Die Größe der Beete hängt natürlich zum einen vom Platz ab, aber auch die Erreichbarkeit der Pflanzen muss berücksichtigt werden. Beete, die von beiden Seiten zugänglich sind, sollten nicht breiter als 1,2 m sein, Beete an einer Wand oder vor einer Hecke maximal 60 cm – sonst kann man sie nur schwer bearbeiten. Eine gute Orientierung bietet die eigene Armlänge und die Höhe der Küchenzeile: Diese ist standardmäßig auch nicht breiter als 60 cm, damit man auch die hinteren Bereiche gut erreicht.

Material für ein Hochbeet aus Holz

Wenn Sie sich nicht für einen Standardbausatz entschlossen haben, geht es in den Baumarkt, dort bekommen Sie alles, was sie brauchen:
- Bretter aus Lärchen- oder Eichenholz, alternativ kesseldruckimprägniertes Nadelholz, ca. 3–4 cm stark
- 4 Kanthölzer, ca. 7 × 7 cm stark, so hoch wie das Beet werden soll plus 30 cm
- Rostfreie Spax-Schrauben (Edelstahl)
- Maschendraht oder Kaninchengitter, so engmaschig wie möglich
- Teichfolie
- Schnur und Pflöcke

An Werkzeug benötigen Sie:
- Spaten und Schaufel
- Säge
- Hammer
- Wasserwaage
- Bohrer
- Schraubendreher oder Akkuschrauber
- Tacker und Heftklammern

Bauanleitung Schritt-für Schritt

An der Stelle, an der das Hochbeet stehen soll, wird der Boden etwa 20 cm ausgehoben. Am einfachsten geht das, wenn Sie die Umrisse des Beetes mit einer Richtschnur, wie sie zum Anlegen von Beeten oder zum Markieren von Saatreihen verwendet wird, markieren.

Sägen Sie nun je ein Ende der Kanthölzer schräg ab. Sie lassen sich so später leichter in den Boden schlagen. Verschrauben Sie dann die Bretter mit den Kantholzern, sodass ein rechteckiger Kasten entsteht. Damit das Holz nicht reißt, ist es ratsam, die Löcher vorzubohren. Beginnen Sie mit dem Anschrauben von oben, damit die flache Seite der Kanthölzer bündig mit den Brettern abschließt und nicht übersteht. Wenn Sie von unten beginnen, kann es sein, dass Sie überstehende Enden der Pflöcke noch absägen müssen. Am unteren Ende sollten die Kanthölzer etwa 30–40 cm über die Bretter hinausragen.

Wenn der Kasten fertig ist, wird er in die Grube gehoben und die Kanthölzer in den Boden geschlagen bzw. gedrückt, bis der Rahmen bündig mit der Beetoberfläche abschließt. Schlagen Sie die Kant-

hölzer reihum immer nur ein kleines Stück ein, damit sich der Rahmen nicht verzieht.

Damit von unten keine Wühlmäuse und Ratten ins Beet eindringen können, wird die ganze Bodenfläche mit dem Drahtgitter ausgelegt und dieses an den Seiten etwas hochgebogen und an die Seitenwände getackert. Anschließend werden noch die Innenseiten bis etwa 5 cm unterhalb der Oberkante mit der Teichfolie ausgekleidet. So gelangt keine Feuchtigkeit ans Holz und der Beetrahmen des Hochbeets hält viele Jahre.

Substrat einfüllen

Zum Füllen des Hochbeetes kommt ein Teil der Erde aus dem Aushub zum Einsatz, vorher wird der Boden aber mit Ästen und Zweigen, groben Pflanzenteilen und Rohkompost gefüllt. Darauf kommt nun ein Gemisch aus Erde und reifem Kompost oder spezielles Pflanzsubstrat, wenn man z. B. Heidelbeeren anbauen möchte.

Die Substratmenge, die dazu nötig ist, kann beträchtliche Ausmaße annehmen, für ein 2 m langes, 1,2 m breites und 70 cm hohes Beet brauchen Sie ca. 1,7 m³ Kompost! Das ist auch einer der Gründe, warum es besser ist, ein Hochbeet im Herbst anzulegen – ganz einfach, weil man den ganzen Sommer ausreichend Zeit hat, genug Kompost anzusetzen und zu sammeln. Der zweite Grund ist der, dass die Erde im Beet den Winter über Zeit hat, sich zu setzen und man im Frühjahr bei mildem Wetter schon im März mit den ersten Aussaaten von Feldsalat und Radieschen unter einer schützenden Vliesdecke beginnen kann.

Muss ein Hochbeet teuer sein?

Kugels Rat: Mein erstes Hochbeet war nur von kurzer Dauer! Nach zwei Jahren musste ich es abbauen, weil ich an der Holzqualität und Dicke gespart hatte. Mein Hochbeet war aus nur 2 cm dicken Brettern und ohne Querverstrebungen gebaut. Dem Erddruck hat diese Konstruktion nicht lange Stand gehalten. Es gilt also ganz klar: nicht am falschen Platz sparen!

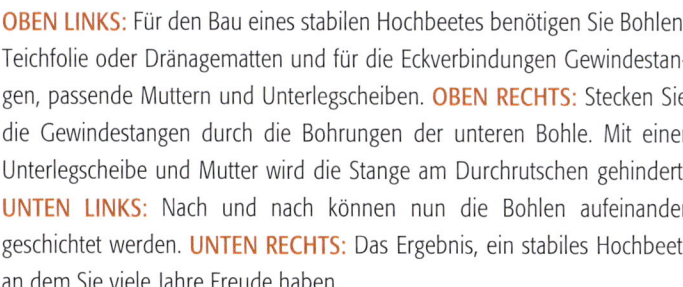

OBEN LINKS: Für den Bau eines stabilen Hochbeetes benötigen Sie Bohlen, Teichfolie oder Dränagematten und für die Eckverbindungen Gewindestangen, passende Muttern und Unterlegscheiben. **OBEN RECHTS:** Stecken Sie die Gewindestangen durch die Bohrungen der unteren Bohle. Mit einer Unterlegscheibe und Mutter wird die Stange am Durchrutschen gehindert. **UNTEN LINKS:** Nach und nach können nun die Bohlen aufeinander geschichtet werden. **UNTEN RECHTS:** Das Ergebnis, ein stabiles Hochbeet, an dem Sie viele Jahre Freude haben.

Kugels
Kummerkasten im Herbst

Das ist ein typischer Stammtischstreit! Schadet Efeu nun der Hauswand oder nicht?

Kugels Rat: Efeu hat ziemlich aggressive Haftwurzeln, die gerne auch in **Risse im Putz** hineinwachsen und so den Putz mit der Zeit quasi sprengen können. Ist der Putz also nicht 100 % intakt, kann Efeu enormen Schaden anrichten. Bei reinen Betonwänden besteht in der Regel natürlich keinerlei Gefahr – es ist aber sehr schwer, den Efeubewuchs dort wieder rückstandsfrei zu entfernen.

Mein Grundstücksnachbar hat auf die Grenze eine Eibenhecke gepflanzt. Darf er das? Und wie hoch darf er die Hecke wachsen lassen?

Kugels Rat: Nein, auf die **Grundstücksgrenze** darf er die **Hecke** nicht pflanzen. Nach dem Nachbarrecht z. B. in Baden-Württemberg ist für Heckenpflanzungen ein Abstand von 0,5 m vorgeschrieben und die Hecke darf dann höchstens 1,80 m hoch werden. Mit jedem Zentimeter über 1,80 m muss die Hecke auch 1 cm weiter weg gepflanzt werden. Konkret heißt das: Soll die Hecke 2 m Endhöhe haben, so muss der Stamm dann 70 cm von der Grenze entfernt sein! In dem konkreten Fall muss der Nachbar die Hecke um einen halben Meter versetzen, wenn Sie das fordern. Lassen Sie sich übrigens nicht zu viel Zeit damit! Ihr Anspruch auf Entfernung oder Versetzen wegen der Nichteinhaltung des Grenzabstandes endet 5 Jahre nach der Pflanzung.

Wir haben eine Böschung im letzten Herbst neu bepflanzt mit Sträuchern ohne Ballen und dann gegen Unkrautwuchs dick mit Holzhäcksel gemulcht. Im Laufe dieses Jahres haben fast alle Pflanzen gelbe Blätter bekommen und sie wachsen schlecht!

Kugels Rat: Der Grund für das Verkümmern der Pflanzen ist die sogenannte **Stickstofffestlegung** durch Mikroorganismen. Sie haben durch den dicken **Holzhäckselbelag** viel organische Substanz aufgebracht – das Unkraut wird wirkungsvoll unterdrückt, weil es kein Licht bekommt, aber dann haben holzzersetzende Mikroorganismen begonnen, den Holzhäcksel zu Humus zu zersetzen. Damit kommt für die frisch gepflanzten Gehölze ein schicksalhafter Kreislauf ins Rollen. Die Mikroorganismen brauchen viel Stickstoff, um ihre »Arbeit« zu verrichten – diesen Stickstoff holen sie kurzfristig aus dem Boden. Die jungen Pflanzen haben aber nur ganz wenige und flache Wurzeln, ihnen fehlt nun der lebensnotwendige Stickstoff.

Die Abhilfe wäre ganz einfach gewesen! Wer dick mulcht, muss die Mikroorganismen mit »Futter« versorgen, d. h. pro m² 50–60 g Hornspäne die für lang anhaltenden Stickstoffnachschub sorgen – Ihre Sträucher wären problemlos angewachsen!

Übrigens: Wenn die Mikroorganismen den Holzhäcksel zersetzt haben, sterben sie meist ab und geben dann den Stickstoff wieder frei – im 3. und 4. Jahr nach der Pflanzung ist dann mehr als genug dieses Nährstoffes vorhanden.

Ich habe einen sündhaft teuren, rotblättrigen Ahorn gekauft. Plötzlich ist ein Teil der Pflanze von einem Tag auf den anderen welk und braun geworden. Was kann der Grund sein?

Kugels Rat: Der Grund für das teilweise oder ganze Absterben der Pflanze dürfte die **Verticillium-Welke** sein, eine gefährliche Pilzkrankheit. Die **roten japanischen Ahorne** und auch die **geschlitztblättrigen Sorten** sind leider empfindlich für diese Pilzkrankheit. Der Pilz befällt dabei die Leitungsbahnen der Pflanze und verstopft sie teilweise. Es kann kein Wasser mehr transportiert werden und zunächst sterben die Blätter ab, später die befallenen Triebe.
Eine direkte Bekämpfungsmöglichkeit gibt es leider nicht. Wichtig ist der richtige Standort für die Pflanze in der Sonne, wo sie sich am meisten wohlfühlt. Noch wichtiger ist ein leicht saurer Boden, der mit Rhododendronerde verbessert ist und auf keinen Fall dauerhaft nass sein darf. Staunässe fördert den Pilzbefall sehr stark. Am besten sorgen Sie beim Pflanzen für eine Drainage unter dem Erdballen mit Lavagranulat oder Ziegelsplitt. Befallene Triebe entfernen Sie bis ins gesunde Holz – die Triebe entsorgen Sie bitte im Restmüll und desinfizieren Sie Ihre Gartenschere mit 70 %igem Alkohol, damit die Pilzinfektion nicht über die Gartenschere verbreitet wird.

Wie schneide ich meine Himbeeren richtig zurück? Einmal höre ich: im Herbst alles abschneiden – das andere Mal: Bloß nicht abschneiden! Was ist nun richtig?

Kugels Rat: Beides kann richtig sein! Es gibt zwei verschiedene Arten von **Himbeeren**: Frühsommersorten wie z. B. 'Schönemann' tragen im Himbeermonat Juni eine reiche Ernte und später im Jahr nicht mehr. Im Gegensatz dazu gibt es aber auch »Herbstsorten« oder »immertragende Sorten«. Diese tragen im Juni eine kleine Ernte und dann den ganzen Sommer durch bis weit in den Herbst hinein gleichmäßig weitere Früchte. Diese Herbsthimbeeren werden komplett im Spätherbst nach der Ernte auf 5 cm Länge abgeschnitten – wir schneiden also alle Ruten ab!
Bei den Frühsommerhimbeeren ist es etwas komplizierter. Hier schneiden wir im Herbst die alten, braunen Triebe ab, an denen die Himbeeren dieses Jahres geerntet wurden. Die jungen Triebe, die meist noch etwas grünlich sind, müssen wir verschonen, denn daran bilden sich im nächsten Juni die Früchte! Pro laufenden Meter lassen wir also ca. 8–10 der dickeren Jungtriebe stehen – die schwachen und krummen Neutriebe entfernen wir ebenfalls

Duftender Nadelzweigkranz, frisch aus dem Garten

Christrosenblüten bezaubern mitten im Winter

Zeit und Muße für kreative Pflanzen-Dekos

Winterblüher, Wintergemüse und Vogelbesuch:

Gefiederte Gäste: dankbar für geeignetes Futter

Winter

In der Ruhezeit kommt keine Langweile auf

Schneeheide, Winterheide

Leuchtende Farbfeuerwerke

Winterheide, Schneeheide, Frühlingsheidekraut: Die verschiedenen deutschen Namen für *Erica carnea* beschrieben treffend die außergewöhnliche und lange Blütezeit dieses Zwergstrauchs. Seine dicht an den Triebenden aufgereihten Glockenblütchen erscheinen je nach Sorte zwischen Dezember und Mai. Schon die einzelnen Sorten decken jeweils beachtliche Blühzeiträume von zwei bis vier Monaten ab.

Und das alles in weithin leuchtenden Rosa- und Rottönen oder freundlichem Weiß über hübschen, immergrünen Blättchen: Damit ist die Schneeheide eine einzigartige Winterzierde. Selbst Fröste und Schnee können sie nicht vom Blühen abhalten. Zudem gedeiht die Schneeheide – anders als die meisten Heidekrautgewächse – auch

in kalkhaltigen Böden. So lässt sie sich problemlos als markanter Winter- und Frühlingsakzent in Staudenrabatten einfügen.

Robustes Bergvolk

Ihre Robustheit trägt die 20–40 cm hohe Schneeheide quasi in den Genen, denn sie wächst wild in den Gebirgen Mittel- und Südeuropas, bis in unwirtliche Höhen und häufig auf Kalkgestein. Ein schwach saurer Boden ist ihr trotzdem am liebsten; zudem sollte er möglichst humos, gut durchlässig und nicht allzu trocken sein. Die Schneeheide steht gern sonnig, toleriert aber auch Halbschatten. Bei anhaltender Trockenheit ist sie für gelegentliche Wassergaben dankbar, auch über

Winter, wenn der Boden nicht gefroren ist. In jedem Frühling bzw. nach der Blüte sollte man alle Triebe um rund ein Drittel zurückschneiden, damit der Zwergstrauch kompakt und blühfreudig bleibt. Danach wird er mit ein paar Handvoll Kompost versorgt.

grünzeug Spezial:

Grazile Erika

Wer ganz sicher gehen will, dass seine frisch gepflanzten Heiden noch im Spätwinter blühen, sollte im Zweifelsfall nur mit Art- und Sortennamen ausgezeichnete Pflanzen wählen. Gerade für die Balkonbepflanzung werden häufig »Winterheiden« angeboten, die zwar wunderschön blühen, aber oft schon von den ersten ernsthaften Frösten dahingerafft werden. Meist handelt es sich dabei um die kompakte *Erica gracilis,* die entsprechend ihrer Herkunft aus Südafrika kaum Frost verträgt und außerdem kalkempfindlich ist.

Farbteppiche mit Heideflair

Die Blütenfarben kommen am besten zur Geltung, wenn Sie die einzelnen Sorten jeweils in Trupps von wenigstens drei bis fünf Exemplaren zusammensetzen, mit 20–30 cm Abstand. Sehr schön wirken auch »Bänder« mit lockeren, geschwungenen Umrissen in wechselnden Farben, etwa Hellrosa, Weiß und Dunkelrot. Für noch mehr Abwechslung sorgen Züchtungen mit gelbem oder bronzefarbenem Laub.

Soll eine größere Fläche heideartig gestaltet werden, bietet es sich an, Sorten mit unterschiedlichen Blütenzeiten zu kombinieren, sodass Heideblüten über Monate das Bild prägen. Im Frühsommer kann dann z.B. die Siebenbürgenheide (*Erica spiculifolia*) übernehmen, ab

RECHTS: Die als Glockenheide oder auch »Winterheide« gehandelte *Erica gracilis* blüht besonders üppig und wird gern in Balkonkästen gepflanzt. Dieser südafrikanische Zwergstrauch verträgt allerdings kaum Frost – spätestens Ende November ist es meist vorbei mit der Pracht.

Sommer die Glockenheide (*E. tetralix*), ab Spätsommer die Besenheide (*Calluna vulgaris*). Wacholder und kleine Kiefern, Stauden wie Heidenelke, Ehrenpreis und Katzenpfötchen sowie Gräser wie der Blauschwingel komplettieren die Heide-Szenerie.

Hübsche Partner für die Schneeheide sind zudem Frühjahrsblüher wie Blauglöckchen, kleine Narzissen und Wildkrokusse; in halbschattigen und absonnigen Bereichen mit kalkhaltigem Boden auch die winterblühenden Christrosen.

Attraktives Sortiment

Zu den frühesten Schneeheidensorten mit Blütezeit von Dezember bis April zählen 'Winter Beauty' (hellrosa) und 'Winterfreude' (rot), bald gefolgt von 'Snow Queen' (weiß). Zwischen Februar und April öffnen z.B. 'Isabell' (weiß), 'Nathalie' (rot) und 'Lohse's Rubin (rosa) ihre Blüten, ebenso die auffällige 'Golden Starlet' mit weißen Blüten und gelbem Laub, das über Sommer hellgrün wird. Von März bis Mai blühen dann u.a. 'Vivellii' (hellrot, bronzefarbenes Laub) 'Rosalie' (dunkelrosa) und 'Tanja' (rot).

Aus einer Kreuzung der Schneeheide mit der mediterranen Purpurheide (*Erica erigena*) entstand die etwas stärker wachsende Englische Heide (*Erica × darleyensis*), die ebenfalls leicht kalkhaltige Böden toleriert. Ihre Sorten bieten dasselbe Farbspektrum und blühen sehr ausdauernd von November bis Mitte Mai. Leider ist sie nicht ganz so winterhart wie die Schneeheide.

Winterliches Gemüse

Leckeres frisch aus dem Garten

Wenn das Gemüse im Supermarkt teurer wird und zum Teil auch noch fad schmeckt, erinnert sich mancher mit Sehnsucht an die letzte eigene Ernte. Vielleicht warten ja im Frühbeet noch die letzten Kopf-, Pflücksalate und Radieschen. Aber das Ende frischer Erntefreuden ist absehbar.

Vorausschauend gärtnern

Vor den ersten stärkeren Frösten müssen dann auch Chinakohl, Endivie und der letzte Weiß- und Rotkohl das Beet räumen. Wer diese Herbstsalate und -gemüse angebaut hat, kennt schon den »richtigen Weg«: Um im Spätjahr und Winter Leckeres zu ernten, muss man schon im Sommer an die kalte Jahreszeit denken. Bereits im Juni beginnt die Saat- und Pflanzzeit für viele Herbst- und Wintergemüse. Pflanzt man bis spätestens Anfang Juli Rosenkohl, bis Ende Juli Grünkohl und bis Mitte August Winterlauch, hat man schon drei der wichtigsten Gemüse für leckere, gesunde Ernten vom Herbst bis zum Frühjahr – natürlich nur, sofern sie einem schmecken. Auch vom Wirsing gibt es eine frostfeste Sorte für die Winterernte, nämlich den 'Marner Grüfewi', ebenso vom Brokkoli die recht winterharte Sorte 'Purple Sprouting'.

Weitere Spezialitäten, die allerdings schon im Frühjahr gesät werden müssen, sind die robusten Winterheckzwiebeln, die rund ums Jahr würzige Blätter liefern, die winterharten Rüben der Pastinake und die feinen Schwarzwurzeln. Und wenn Sie den mehrjährigen, mit der Sonnenblume verwandten Topinambur pflanzen, können Sie jedes Jahr von Oktober bis März seine schmackhaften, sehr gesunden Knollen ernten.

grünzeug Spezial:

Nitratbildung vermeiden

Pflanzen nehmen das wichtige Nährelement Stickstoff aus dem Boden überwiegend als Nitrat auf. Dieses Salz bauen sie dann recht schnell in wertvolle Aminosäuren und Eiweiße um. Bei Kälte und Lichtmangel verläuft dieser Umbau allerdings wesentlich langsamer. So kann sich in Herbst- und Wintergemüse teils reichlich Nitrat ansammeln, vor allem in Salaten, Spinat, Radieschen, Rettichen und Roter Bete. Bei der Nahrungsaufnahme wird Nitrat in gesundheitsgefährdendes Nitrit umgewandelt. Beugen Sie dieser möglichen Belastung vor und verwenden Sie stickstoffhaltige Dünger äußerst zurückhaltend, besonders beim Spätanbau. Mit Ausnahme der Kohlarten haben die meisten Herbst- und Wintergemüse ohnehin nur einen mäßigen Nährstoffbedarf.

Auf den letzten Drücker

Für Kurzentschlossene, die erst im August säen, gibt es die Winterrettiche 'Münchner Bier' (weiß), 'Hilds Blauer Herbst- und Winter' (dunkelviolett) und 'Runder schwarzer Winter' (braunschwarze Haut). Sie lassen sich teils bis in den Dezember hinein ernten. Mit Spinat und Feldsalat für den Herbstanbau geht es ohnehin erst im August los. Für die Winter- und Frühjahrsernte können Sie noch im September säen, am besten mit Vlies- oder Folienabdeckung, im Gewächshaus und Frühbeet bis Oktober. Achten Sie bei beiden auf geeignete Herbstsorten und bevorzugen Sie mehltauresistente oder -tolerante Züchtungen.

RECHTS: Winterrettiche lassen sich, nachdem man die Blätter entfernt hat, in einem kühlen, luftfeuchten Keller über etliche Wochen lagern. Eine andere Möglichkeit ist das Einschlagen in Erde, z. B. im Frühbeet.

Sehr kälteverträglich ist der Winterportulak (Montia perfoliata), ein spinatähnliches Blattgemüse, das sich gedünstet und roh als Salat oder Würze genießen lässt. Die auch als Winterpostelein bekannte Pflanze bildet eine Rosette aus rautenförmigen Blättern, die leicht säuerlich schmecken und reichlich Vitamin C und Eisen enthalten. Winterportulak kann von September bis März gesät werden, bei mildem Wetter auch draußen. Unter Frosteinwirkung verfärben sich die Blätter rötlich und werden hart, aber wenn die Temperaturen wieder steigen, treibt die Pflanze neue Blätter. Diese lassen sich fortlaufend nach Bedarf ernten, wenn man das Herz der Pflanze schont.

Frostige Erntezeiten

Selbst die »härtesten« Wintergemüse wie Grünkohl kommen bei starken Frösten an ihre Grenzen. Vorübergehende Frosteinbrüche lassen sich durch Abdecken mit Vlies, Jutestoff oder Fichtenreisig gut überbrücken; luftundurchlässige Folien ohne Löcher oder Schlitze sollten nur kurzzeitig aufgelegt werden. Drohen jedoch immer wieder Temperaturen weit unter Null, erntet man vor allem Rosenkohl, Brokkoli und Wirsing besser bei nächster Gelegenheit ab und friert ein, was sich nicht gleich verwerten lässt. Warten Sie aber stets ab, bis das Erntegut draußen wieder aufgetaut ist; was gefroren geschnitten oder gepflückt wird, »zermatscht« schnell. Eine frühzeitige Ernte empfiehlt sich außerdem, wenn häufig frostige und sehr milde Perioden wechseln.

Frische Kräuter im Winter

Würziges vom Fensterbrett und aus dem Garten

Bei selbst gezogenen und geernteten Kräutern weiß man genau, wie sie angebaut wurden. Sie müssen auch keine großen Transportwege und Lagerzeiten überstehen, sodass es kaum Verluste an Aroma- und Inhaltsstoffen gibt. Deshalb schmecken die eigenen Kräuter oft besonders intensiv. Darauf muss man auch im Winter nicht verzichten.

Gern genutzte Möglichkeiten, um im Winter Würziges und Gesundes zu ernten, sind die Aussaat schnellwüchsiger Arten auf der Fensterbank, die geschützte Topfkultur von Immergrünen wie Salbei sowie

das Antreiben von Schnittlauch und anderen Kräutern aus dem Garten. Daneben gibt es einen altbewährten Weg, den schon unsere Urahnen beschritten: das zu nutzen, was aus der heimischen Natur stammt, wie etwa Barbarakraut und Löffelkraut.

Sonnenkinder im Winter

Fast alle Kräuter, die uns wohlvertraut sind, stammen ursprünglich aus Südeuropa, Vorderasien oder anderen Weltgegenden, so z. B. Petersilie, Dill und Zitronenmelisse. Sie wurden – glücklicherweise – schon vor langer Zeit bei uns eingeführt, ebenso wie Salbei, Thymian und andere typische Mittelmeerkräuter. Nutzt man die Immergrünen über Winter, schmeckt man oft schon deutlich, dass die Sonne fehlt. Ihr Aroma und ihre Heilwirkung beruhen meist auf ätherischen Ölen, die nur unter warmen Sonnenstrahlen optimal ausgebildet werden. Die Heizwärme bei Zimmerkultur kann das nicht ersetzen – da müsste man zusätzlich noch viele Pflanzenleuchten aufstellen.

grünzeug Spezial:

Exotische Würzpflanzen

Mittlerweile wird eine Fülle exotischer Kräuter für die Kübelhaltung angeboten, von Anisverbene über Lemon-Ysop bis zum Ananassalbei. Die meisten brauchen einen hellen, kühlen Winterplatz. Soweit sie über Winter ihre Blätter behalten, kann man in der kalten Jahreszeit manch reizvolle Aromen genießen. Noch recht intensiv schmecken z. B. die Blätter des immergrünen Lorbeerbaums, außerdem Currykraut und Zitronengras, das recht warm (bei 10–18 °C) und möglichst luftfeucht überwintert werden sollte.

Zudem legen auch immergrüne mediterrane Kräuter von Natur aus eine winterliche Ruhepause ein. Will man Rosmarin, Oregano & Co. frostgeschützt überwintern, ist ebenso wie bei vielen Kübelpflanzen ein sehr kühler, heller Platz ideal. Werden sie stattdessen warm überwintert, kann das ihre Wuchsfreude und Lebensdauer verringern; außerdem treten dann oft Schädlinge wie Spinnmilben auf.

Experimente auf der Fensterbank

Das alles soll einen nicht davon abhalten, einige Exemplare über Winter an einen warmen und möglichst hellen Fensterplatz zu stellen.

RECHTS: Im Garten ausgegrabenen Schnittlauch können Sie drinnen recht einfach antreiben. Er wird in kleinere Büschel zerteilt, in Töpfe gepflanzt und dann an einem hellen, mäßig warmen Platz aufgestellt.

Denn die Zimmerwärme kann jungen Neuaustrieb anregen, der aromatischer ist als die »alten« Winterblätter im Freien. Nur sollte man sich nicht zu viel davon versprechen und vor allem bewusst sein, dass das auf Dauer die Vitalität der Pflanzen mindert. Manchmal ist auch eine mäßig warme Überwinterung bei 10–15 °C, etwa in einem beheizten Wintergarten, ein optimaler Kompromiss. Wenn man über solche Möglichkeiten verfügt, lohnt sich das Ausprobieren.

Viele reizt es, ein Basilikum zu überwintern und dabei natürlich auch zu nutzen. Das kann durchaus gelingen, denn in wärmeren Ländern wächst das bei uns einjährige Basilikum (Ocimum basilicum) oft mehrjährig. Da es vermutlich aus den Subtropen stammt, verträgt und braucht es warme Wintertemperaturen. Doch das fehlende Sonnenlicht sowie die trockene Heizungsluft lassen solche Experimente

oft scheitern. Das buschige, mehrjährige Strauchbasilikum (Ocimum-Hybriden wie 'African Blue') kann dagegen hell bei 8–12 °C überwintert werden und liefert auch im Winter recht aromatische Blätter.

Unkomplizierte Winterkräuter

Einfacher und oft sehr schmackhaft ist die Winterernte bei Kräutern, die keine ausgesprochenen Sonnenkinder sind. So bilden etwa Petersilie und Kerbel ihre ätherischen Öle noch im Halbschatten intensiv aus. Auch für die aromatischen und sehr gesunden Scharf- und Bitterstoffe, etwa bei Kresse und Schnittlauch, braucht es nicht allzu viel Sonne. So lassen sich vor allem schnellwüchsige Kräuter wie Kresse, Kerbel und Rucola über Winter prima am hellen Küchenfenster ziehen und immer wieder nachsäen. Ideal sind mäßig warme Temperaturen von 15–20 °C. Das gilt auch für Petersilie und Schnittlauch in Töpfen.

Vor allem Schnittlauch kann man im November zudem gut mit Teilstücken aus dem Garten antreiben. Dazu gräbt man einige Büschel samt Wurzelwerk aus und lässt sie am besten noch ein paar Tage draußen liegen. Es ist günstig, wenn die Büschel dann etwas Frost abbekommen, aber keine zwingende Voraussetzung. Dann pflanzt man sie in Töpfe und stellt sie an ein helles Fenster, bei 15–20 °C.

Worauf muss ich beim Kräuterkauf im Winter achten?

Kugels Rat: Ich kaufe frische Kräuter im Winter immer ohne Folienverpackung, denn nach Entfernen der Schutzfolie fallen die Pflanzen meist auseinander, da die Triebe extrem weich sind. Kräuter im Topf ohne diese Schutzfolien sind stabile Pflanzen, die in der Regel auch langsamer kultiviert wurden und deshalb auf der Fensterbank viel länger halten.

Ebenso lässt sich ausgegrabene Petersilie antreiben, wobei man die Pflanzen gleich eintopft. Dasselbe klappt auch mit Oregano, Winterbohnenkraut, Ysop und Estragon recht gut; Töpfe mit diesen Pflanzen sollten dann bei rund 15 °C aufgestellt werden.

Alte Kräuterschätze der Natur

Bei wintergrünen Pflanzen, die in unserem Klima wild wachsen, erübrigen sich alle Überlegungen und Vorkehrungen in Sachen Sonne und Temperatur. Wenn die Winterblätter essbar, schmackhaft und gesund sind, werden sie einfach draußen nach Belieben geerntet – so wie beim Barbarakraut und Löffelkraut. Von beiden sind bei Pflanzenversendern und Gärtnereien, die sich auf Kräuter und Wildpflanzen spezialisiert haben, Samen erhältlich, zuweilen auch Jungpflanzen. So kann man sie leicht vor der Haustür ziehen. In der freien Landschaft sollte man sie ohnehin nicht sammeln, da Löffelkraut unter Naturschutz steht und Barbarakraut zumindest gebietsweise als gefährdet gilt.

Pikant und vitaminreich

Das Barbarakraut (Barbarea vulgaris) ist auch als Winterkresse bekannt, was schon einen deutlichen Hinweis auf den Geschmack der leierförmig gefiederten Blätter gibt. Diese enthalten zudem viel Vitamin C und Bitterstoffe. Der Name Barbarakraut bezieht sich auf den Gedenktag der Heiligen Barbara am 4. Dezember. Zu diesem Termin erntete man früher die Blätter für Heil- und Würzzwecke. Roh eignen sich die Blätter als pikante Würze für Salate und Quark, spinatähnlich gedünstet schmecken sie etwas milder.

Die Blattrosetten wachsen im ersten Jahr rund 30 cm hoch; darüber erheben sich dann im zweiten Jahr ab Mai lange Stiele mit goldgelben Blütenständen. Nach der Blüte wird sie unbrauchbar, versamt sich aber an geeigneten Plätzen oft von selbst. Sie bevorzugt humose, frische bis feuchte Böden sowie Halbschatten, gedeiht aber auch noch in der – nicht allzu prallen – Sonne. Für die Winterernte kann man sie Ende Juli bis September säen, für frühere Nutzung bereits im März/April.

Aus den Küstenregionen, z.B. auch der Nord- und Ostsee, stammt das Löffelkraut (Cochlearia officinalis), das früher in ganz Europa in den Gärten gepflanzt wurde. Denn seine löffelartig gebogenen, dunkelgrünen Blätter sind sehr reich an Vitamin C und wurden vielfach genutzt, um der Vitaminmangelkrankheit Skorbut vorzubeugen. Seeleute konservierten die Blätter fässerweise durch Einsalzen, um sie auf langen Schifffahrten mitzunehmen.

LINKS: Barbarakraut liefert vom Jahr der Aussaat bis ins folgende Frühjahr hinein würzige Blätter. Erst die Blüte beendet den Erntereigen.

RECHTS: Das Löffelkraut bleibt noch während der Blüte halbwegs genießbar, schmeckt aber im Winter und Frühjahr wesentlich besser.

Die Blätter schmecken beim Löffelkraut pikant scharf und erinnern nicht nur an Kresse, sondern auch ein wenig an Meerrettich. Auch diese Pflanze wächst meist zweijährig, mit weißen Blüten nach dem ersten Winter. Kultur und Standortansprüche sind ähnlich wie beim Barbarakraut, wobei das Löffelkraut besonders gut auf sandig humosen Böden wächst.

Über Sommer sollte man nur sehr junge, zarte Blätter ernten; besonders an einem sonnigen Platz werden sie schnell zu scharf und bitter. Im Winter schmecken sie sogar, wenn sie leicht gefroren oder von Schnee bedeckt sind. Die Blätter würzen Salate, Quark und Eierspeisen und können auch gedünstet werden.

Eine Vogelschutzhecke anlegen

Bunte Beerensträucher für gefiederte Gartenbesucher

Den Garten für Vögel attraktiv zu gestalten und zu bepflanzen, hat viele Vorteile. Nicht nur, dass uns die gefiederten Besucher mit ihrem Gesang erfreuen, sie sind auch unermüdliche Insektenvertilger und stürzen sich mit großer Begierde auf Blattläuse, Raupen und anderes Getier, das sich an Gemüse, Obst und Blumen vergreifen will.

Damit sich Vögel im Garten wohlfühlen, brauchen sie zwei Dinge: Rückzugs- und Nistmöglichkeiten und ein ausreichendes Nahrungsangebot. Mit einer bunt gemischten Vogelschutzhecke schlagen Sie alle Fliegen mit einer Klappe. Blütensträucher locken Insekten an, Beerensträucher bieten vor allem im Herbst und Winter eine willkommene Bereicherung des Speiseplans, dornige und stachelige Gehölze dienen als sicherer Nistplatz und immergrüne Gewächse sorgen auch im Winter für Schutz vor kalten Winden.

Geeignete Arten

Einheimische Sträucher stehen auf der Liste der besten Arten ganz oben. Zu ihnen gehören Liguster (*Ligustrum*), der sein Laub bis spät in den Winter behält, die Berberitze (*Berberis*), von der es immergrüne und laubabwerfende Arten gibt sowie die Heckenkirsche (*Lonicera xylosteum*), deren Beeren bei Vögeln besonders begehrt sind.

Wildrosen wie die Heckenrose (*Rosa canina*), die Kartoffelrose (*R. rugosa*) mit ihren riesigen Hagebutten, die weiß blühende Bibernell-Rose (*R. pimpinellifolia*) und die gelbe Chinesische Goldrose (*R. hugonis*) bilden dichte, undurchdringliche Gebüsche und bieten hervorragende, geschützte Nistmöglichkeiten. Die Hagebutten sind bei vielen Frucht- und Körnerfressern beliebt und die ungefüllten Blüten sind wahre Insektenmagneten.

Ein weiteres einheimisches Gehölz für eine Vogelschutzhecke ist die Kornelkirsche (*Cornus mas*), deren gelbe Blütenbüschel schon ab Februar/März erscheinen, und die im Herbst die typischen ovalen, süß-säuerlich schmeckenden roten Früchte trägt. Der Weißdorn (*Crataegus monogyna*) verträgt auch einen radikaleren Rückschnitt, bildet dichte, undurchdringbare Hecken und trägt im Herbst sehr reich.

Die Beeren der beiden einheimischen Holunderarten, des Schwarzen Holunders (*Sambucus nigra*) und des Roten Holunders (*S. racemosa*) sind bei vielen Vögeln beliebt. Sie vertragen zwar auch einen Rückschnitt, eignen sich aber nicht für Schnitthecken, sondern nur für frei wachsende Blütenhecken.

Unter den Immergrünen stehen Eiben und Stechpalmen ganz oben auf der Liste. Sie sind gut bis sehr gut schnittverträglich und bieten mit ihren Beeren im Winter eine nahrhafte Ergänzung der Futterpalette.

grünzeug Spezial:

Viele Profiteure

Von einer Vogelschutzhecke profitieren viele Vogelarten. Frucht- und Insektenfressern wie Drosseln und Amseln bietet sie Nahrung und Platz zum Nisten. Stachelige und dornige Hecken sind ein beliebter Schlaf- und Ruheplatz für alle Arten von Vögeln, da sie im dichten Gestrüpp relativ sicher vor Angriffen von Katzen, Mardern, Greifvögeln und Eulen sind. Immergrüne, dichte Hecken sind ein guter Rückzugsort an kalten, windigen Wintertagen. Und im dichten Unterholz fühlen sich Igel und Spitzmäuse wohl, die nachts auf die Jagd nach Schnecken und allerlei anderem Getier gehen.

Der Feuerdorn nimmt eine Mittelstellung zwischen laubabwerfenden und immergrünen Arten ein und lässt keine Wünsche offen. Die flachen Blütendolden sind wahre Insektenmagneten, die stark bedornten Triebe bieten Schutz vor Nesträubern, im Herbst locken die gelben, orangefarbenen oder roten Beeren und das Laub bleibt auch den ganzen Winter über grün. Erst im Frühjahr, wenn sich die neuen Blätter entfaltet haben, werden die alten des Vorjahrs nach und nach abgeworfen.

Pflanzung

Der frühe Herbst, Anfang September bis Mitte Oktober ist die ideale Zeit, um eine Vogelschutzhecke zu pflanzen. Jetzt gibt es viele laubabwerfende Sträucher und Gehölze besonders günstig als »wurzelnackte« Pflanzware in der Baumschule. Wurzelnackte Pflanzen werden in der Baumschule gerodet und sollten unmittelbar danach eingepflanzt werden. Bis zum Winter bilden sich am neuen Standort noch etliche frische Wurzeln und die Pflanzen können im Frühling mit steigenden Temperaturen gleich mit dem Wachstum loslegen. Heben Sie einen Graben aus, stellen Sie die Pflanzen hinein, nachdem sie über Nacht in Wasser eingeweicht wurden und sich richtig vollsaugen konnten. Anschließend wird das ausgehobene Erdreich, mit Kompost vermischt, wieder eingefüllt, die Pflanzen angetreten und gut gewässert.

Immergrüne wie Eiben und Stechpalmen werden nur im Container oder mit Wurzelballen angeboten. Für sie wird ein Pflanzloch ausgehoben, das etwa anderthalb bis zweimal so breit ist, wie der Wurzelballen. So tief einsetzen, wie die Pflanze vorher im Topf auch gewachsen ist bzw. gestanden hat, den Hohlraum mit Erd-Kompost-Gemisch auffüllen, antreten und gut angießen.

UNTEN: Im Herbst werden Wildsträucher besonders günstig als wurzelnackte Pflanzware angeboten. Gepflanzt wird bei frostfreiem Wetter im Herbst oder im Frühling.

Wann ist der ideale Pflanzzeitpunkt?

Kugels Rat: Der ideale Zeitpunkt, eine solche Vogelschutzhecke anzulegen, ist der Monat Oktober. Ich habe mit der Herbstpflanzung im Oktober sehr gute Erfahrungen gemacht, denn der Boden ist dann noch warm, und dadurch bilden die Pflanzen schon im Herbst erste Faserwurzeln, mit denen sie Wasser aufnehmen können. Das Weiterwachsen im Frühjahr geht mit viel weniger Gießaufwand als bei einer Frühjahrspflanzung.

Vögel richtig füttern

Winterhilfe für gefiederte Gartenbesucher

Die heimische Vogelwelt hat es in unserer ausgeräumten Kultur-
landschaft nicht immer leicht, ihren Bedarf an Insekten, Würmen,
Beeren, Früchten und Samen zu decken. Und so empfehlen viele
Ornithologen mittlerweile nicht nur eine Fütterung im Winter bei
Frostperioden, sondern das ganze Jahr über. Argumente, dass das
Futter den Nachwuchs schädigen könnte, weil er es nicht verdauen
kann, sind mittlerweile widerlegt. Die Vogeleltern füttern ihre Küken
nur mit Futter, was sie vertragen. Vom Menschen angebotene Säme-
reien werden nicht verfüttert, dienen aber den Eltern als Stärkung und
Zusatznahrung und erhöhen so die Aufzuchtrate beträchtlich.

Futterhäuschen

Vogelfutterhäuschen gibt es in vielen Größen und Modellen und für
jeden Geschmack. Mit etwas handwerklichem Geschick kann man sie
sogar selber bauen. Wichtig ist, dass sie sich gut reinigen lassen und
das Futter vor Regen und Nässe geschützt ist. Feuchtes Futter wird
schnell muffig und schimmelig und stellt dann eine Gefahr für die
Gesundheit der Vögel dar. Sitz- und Anflugmöglichkeiten müssen so
angebracht sein, dass die Vögel das Futter nicht mit ihrem Kot
verschmutzen können.

Bei frei stehenden Vogelhäuschen ist eine Ummantelung des Standfußes mit einer Metallmanschette und/oder einem Drahtkranz empfehlenswert, damit keine Mäuse ans Futter und Katzen an die Vögel gelangen können.

Achten Sie darauf, dass die Besucher das Futter an mehreren Stellen entnehmen können, und sich nicht gegenseitig verdrängen. Sonst kann es vorkommen, dass einer oder einige wenige Tiere das Futterhaus »in Beschlag« nehmen und alle anderen hungrigen Gäste von den Vorräten fernhalten.

grünzeug Spezial:

Warum auch im Sommer füttern?

Im Gegensatz zu früheren Zeiten finden Vögel in der freien Landschaft, auf eintönigen Monokultur-Feldern der intensiven Landwirtschaft, heute viel weniger Nahrungspflanzen und Insekten. Deshalb ist eine Fütterung das ganze Jahr über sinnvoll und man fördert dadurch nicht nur häufige Arten wie Spatzen, Meisen und Amseln, sondern erleichtert auch vielen selteneren das Überleben und die Aufzucht ihrer Jungen – schon weil die Elterntiere weniger Zeit mit der Suche nach eigenem Futter verbringen müssen.

Bodenfutterstellen

Für Vögel, die ihre Nahrung gerne am Boden suchen wie Rotkehlchen, Goldammern, Stare und Amseln können auch überdachte Futterstellen direkt auf der Erde eingerichtet werden. Man muss dann aber auch mit weiteren Gästen rechnen, die sich an den angebotenen halbierten Äpfeln, Weich- und Fettfutter sowie Körnern gütlich tun. So wird der Futterplatz zum Treffpunkt für Igel, Füchse, Siebenschläfer und viele andere Tiere. Wenn Sie dies verhindern möchten, können

RECHTS: Hängende Futterhäuschen sind für Katzen schwer zu erreichen. Sie werden von Vögeln wie diesen Kohlmeisen besonders gerne angenommen, da sie sich hier sicher fühlen.

Sie das Futter auch in so genannten Weichfuttersilos anbieten. Das Futter kann nur durch einen schmalen Spalt am Boden herausgepickt werden und fällt nicht daneben.

Futterplätze zum Aufhängen

Besonders Meisen sind wahre Kletterkünstler und lieben es, ungestört von Spatzen und Amseln in luftiger Höhe zu fressen. Ein Klassiker dafür sind Meisenringe und Meisenknödel, in denen mit Fett vermengte Körner angeboten werden. Praktisch sind auch Futterfedern für Meisenknödel, das sind spiralig gewundene Drahtkörbe, in die ein oder zwei Knödel oder Obst eingelegt werden können.

Loses Körnerfutter wird in Futtersäulen und Futtersilos angeboten. Diese bestehen aus einer durchsichtigen Kunststoffröhre, an deren unterem Ende das Futter durch ein Loch herausgepickt werden kann. Nachgefüllt wird von oben, wenn man sieht, dass der Vorrat zur Neige geht. Diese Futtersäulen gibt es zum Hängen an Zweigen und Ästen, oder an speziellen Stäben. Ganz raffiniert sind Modelle mit Saugnäpfen, die außen an der Fensterscheibe befestigt werden. Das lebhafte Treiben kann so hautnah aus der Wohnung heraus beobachtet werden.

Welches Futter für wen?

Körnerfresser wie alle Meisen, Sperlingen, Dompfaff und Finken fressen am liebsten Sämereien aller Art. Im Sommer kann dies

Geeignetes Futter	Ungeeignetes Futter
● Sonnenblumenkerne	● Speisereste
● Hanfsaat	● Nudeln
● Haferflocken	● gesalzene Erdnüsse
● Rinder- und Hammeltalg	und andere Lebensmittel
● getrocknete Beeren	
● Äpfel, Birnen	
● Nüsse	

normales Kanarienvogel- oder Sittichfutter sein, im Winter, wenn der Energiebedarf der Vögel größer ist, sollte auch sogenanntes Fettfutter angeboten werden. Dabei handelt es sich um Futtermischungen mit ölhaltigen Sämereien wie Sonnenblumenkernen, Hanfsaat, Erdnüssen und mit Fett überzogenen Haferflocken.

Vögel, die sich eher von Insekten, Beeren und Früchten ernähren, nennt man Weichfresser. Zu ihnen gehören Stare, Drosseln und Amseln, aber auch Kleiber und Rotkehlchen. Im Winter ernähren sie sich von getrocknetem Obst wie Rosinen und Beeren, aber auch von Haferflocken und Fett (Talg), im Sommer auch von halbierten frischen Früchten wie Äpfeln und Birnen.

Vogelbad und Wasserstellen

Wasser übt nicht nur auf viele Insekten wie Libellen eine magische Anziehungskraft aus. Eine flache, mit Wasser gefüllte Schale wird schon nach kurzer Zeit von zahlreichen Vögeln zum Trinken und Baden angenommen. Das Vogelbad sollte so platziert werden, dass es von allen Seiten einsehbar ist. Dann fühlen sich die Badegäste am wohlsten und können nicht so leicht von Katzen erbeutet werden.

LINKS: Kohl- und Blaumeisen gehören zu den häufigsten Besuchern am Futterplatz. Meisenknödel und -ringe sind ihre Leibspeise.

RECHTS: Aus Haferflocken, getrockneten Beeren, Sonnenblumenkernen und Rindertalg können Sie auch eigene Futtermischungen zusammenstellen.

Im Sommer kann es bei heißem Wetter nötig sein, das Becken mehrmals täglich mit frischem Wasser zu füllen, einmal pro Woche sollte man es mit einer Bürste kurz ausschrubben und von Schmutz und Algen befreien.

Auch in einem Gartenteich wird gerne und oft gebadet. Wenn Sie im Herbst die dicken Stängel von Rohrkolben und Binsen stehen lassen, bleibt an der Basis lange eine kleine Fläche eisfrei, da sich die Pflanzen im Wind hin und her bewegen und so verhindern, dass das Eis ganz zufriert. Diese kleinen Stellen sind im Winter beliebte Vogeltränken.

Vogelfutter selber mischen

Fettfutter zum Füllen von halbierten Kokosnüssen, für Meisenknödel und -ringe kann einfach selbst gemischt werden. Erhitzen Sie 1 kg Rindertalg in einem Topf, bis es flüssig geworden ist und füllen Sie es in eine große Schüssel um. Dann geben Sie dieselbe Menge Sonnenblumenkerne, Vogelfuttermischung und Rosinen dazu. Ist die

Mischung zu flüssig, kommen noch Sämereien dazu, ist sie zu fest, gibt man noch etwas flüssigen Talg dazu. Das Ganze wird nun so lange mit einem Holzlöffel verrührt, bis sich die Zutaten gleichmäßig vermischt haben. Die warme Masse kann anschließend in halbierte Kokosnussschalen oder Blumentöpfe gefüllt werden, in denen vorher eine Aufhängung aus Draht in den Löchern befestigt wurde.

Wenn die Masse kühler und damit fester geworden ist, kann man sie auch mit den Händen zu Knödeln oder Würsten formen. Diese werden in Futterfedern gesteckt, oder in recycelten Gemüsenetzen im Garten aufgehängt.

Erdnüsse in der Schale können mit Nadel und Faden wie Perlen zu langen Ketten aufgefädelt werden. Als Verzierung und besondere Leckerbissen können auch Hagebutten, Beeren und Kolbenhirse an die Girlande gebunden und gefädelt werden. Die Ketten werden dann einfach wie Weihnachtsbaumschmuck im Garten in die Bäume gehängt oder am Balkongeländer befestigt. Die Leckerbissen werden von den gefiederten Gartenbesuchern schnell entdeckt und in kurzer Zeit vertilgt.

Soll man Gartenvögel auch im Sommer füttern?

Kugels Rat: Meine Meinung zu diesem sehr heftig diskutierten Thema ist ganz klar! Eine richtige Sommerfütterung der Wildvögel mit speziellem Futter hilft, Wildvogelbestände zu erhalten oder wieder anwachsen zu lassen. Es stimmt eben nicht, dass die Wildvögel bei durchgehender Fütterung keine Insekten mehr suchen und verfüttern. Vielmehr wird auf das Zusatzfutter zurückgegriffen, wenn das natürliche Futter knapp ist – und das ist leider zu oft der Fall. Durch das Zufüttern im Frühjahr und Sommer wird also oftmals das Überleben der Vogelbrut gesichert.

Kugels
Kummerkasten im Winter

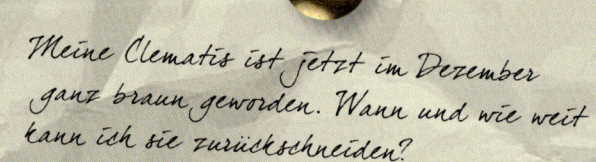

Meine Clematis ist jetzt im Dezember ganz braun geworden. Wann und wie weit kann ich sie zurückschneiden?

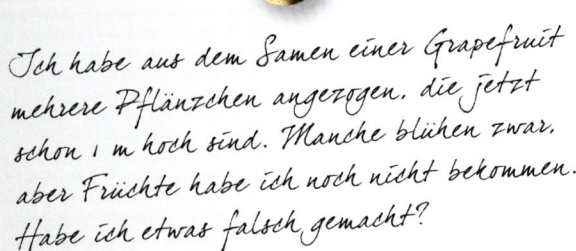

Ich habe aus dem Samen einer Grapefruit mehrere Pflänzchen angezogen, die jetzt schon 1 m hoch sind. Manche blühen zwar, aber Früchte habe ich noch nicht bekommen. Habe ich etwas falsch gemacht?

Kugels Rat: Zunächst ist es wichtig, herauszufinden, um welche Art von **Clematis** es sich handelt, denn der Rückschnitt unterscheidet sich ganz grundsätzlich:

● **Clematis-Hybriden:** das sind die sehr großblütigen Waldreben mit Blütendurchmesser von 8–12 cm, die es in vielen Farben von Blau und Weiß bis Rot gibt. Diese Pflanzen werden nach den harten Frösten bis auf etwa 50 cm heruntergeschnitten. Sie treiben neu aus und blühen dann im Hochsommer an den Trieben aus dem laufenden Jahr.

● **Clematis-Wildformen:** Die Wildformen der Waldrebe haben meist viele kleine Blüten mit 5–7 cm Durchmesser in Rosa oder Weiß. Diese Pflanzen werden nach dem Winter nur soweit zurückgeschnitten, wie die Triebe braun und abgestorben sind. Ansonsten lässt man die Triebe so lang wie möglich wachsen, denn die Blüten bilden sich an alten Trieben der Vorjahre.

● *Clematis*-**Viticella-Hybriden:** Diese italienischen Waldreben sind sehr widerstandsfähig gegen Pilzkrankheiten und blühen in vielen Farben, etwas kleiner als die großblütigen Hybriden. Auch hier erfolgt kein radikaler Rückschnitt, sondern nur das Entfernen abgestorbener Triebe nach dem Winter.

Kugels Rat: Bei der Anzucht von **Zitrusgewächsen aus Samen** – gleich ob Grapefruit, Zitrone oder Mandarine, kommen die Mendelschen Erbregeln ins Spiel. Kurz gesagt: dem Zufall ist Tür und Tor geöffnet, weil sich die Erbanlagen der Zitruspflanzen ganz frei mischen – von 100 Samen einer Pflanze fallen keine 5 »echt« aus. Deshalb veredeln die Zitrusgärtner ihre Pflanzen auf spezielle Unterlagen, die nur die Wurzeln bilden. Das Veredeln von Zitruspflanzen ist aber wesentlich komplizierter als z. B. das Veredeln heimischer Apfelbäume. Daher werden Sie mit diesem Zufallsprinzip bei der Vermehrung von Zitruspflanzen aus Samen leben müssen. Schöne Pflanzen gibt es in jedem Fall und vielleicht haben Sie ja auch mal Glück!

In welcher Reihenfolge soll ich meine Kübelpflanzen einräumen?

Kugels Rat: Hier gilt das Motto: Die **Kübelpflanzen** sollten so lange wie möglich draußen bleiben, denn unsere Winterquartiere sind meist nur Notlösungen. Wir fangen mit dem Einräumen an, wenn Nachttemperaturen um 0 °C über mehrere Tage drohen: Zitrus, Hibiskus, Fuchsien, Enzianbäumchen, Bougainvillea, Hammerstrauch und Oleander. Schon deutlich kältere Temperaturen bis −2 °C halten aus: Feigen, Oliven, Granatapfel, Lagerstroemien und Agapanthus. Noch länger können die ganz »harten« Kübelpflanzen draußen bleiben, die auch 'mal für eine Nacht −5 °C aushalten: Hanfpalmen, Zwergpalmen, Echter Lorbeer und Mittelmeerschneeball.

Ich bin sehr stolz darauf, dass ich seit 3 Jahren einen Weihnachtsstern durchs Jahr gebracht habe, und er gedeiht prächtig! Nur leider bekommt er fast keine roten Hochblätter wie die frischen Pflanzen, die es überall zu kaufen gibt.

Meine Kirschlorbeerhecke sieht seltsam aus! Wenn ich genau hinsehe haben fast alle Blätter kreisrunde Löcher. Woher kommt das?

Kugels Rat: Die Löcher in den **Kirschlorbeer-**Blättern sind das Ergebnis der sogenannten **Schrotschusskrankheit**, einer Pilzkrankheit. Die Besonderheit ist dabei, dass die Pilze sich kreisrund bis auf ca. 4–5 cm Durchmesser ausbreiten. Dann stoppt der Pilz sein Wachstum, das befallene Blattgewebe stirbt ab und das vertrocknete kreisrunde Stück bricht heraus – so entsteht das Loch. Diese Krankheit ist allerdings nicht lebensbedrohend für die Pflanze, oftmals verschwindet sie von selbst wieder. Außerdem gibt es für den Hausgartenbereich keine zugelassenen Bekämpfungsmöglichkeiten.

Kugels Rat: Diese **meist rot gefärbten Hochblätter** sind bei der gärtnerischen Anzucht in unseren Breiten das Ergebnis eines genialen Tricks. Weihnachtssterne sind sogenannte Kurztagspflanzen, und man hat festgestellt, dass sich die roten Hochblätter bilden, wenn die Pflanze über 60 Tage lang weniger als 12 Stunden Tageslicht bekommt. Der Gärtner startet diese Prozedur Ende September, und dann sind die Pflanzen Ende November, pünktlich zur Adventszeit, verkaufsreif. In den Gewächshäusern sind dafür eigens automatisch gesteuerte Verdunkelungseinrichtungen eingebaut. Sie selbst können diesen Trick nachahmen, indem Sie jeden Tag einen großen und absolut lichtdichten Karton über den Weihnachtsstern stülpen. Machen Sie es ihm für etwas mehr als 12 Stunden am Tag absolut dunkel und Sie werden sehen: Die Hochblätter werden leuchtend rot!

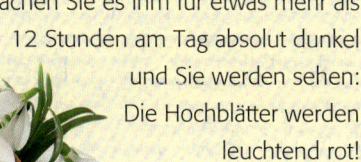

Adressen, die Ihnen weiterhelfen

Gartenbedarf

W. Neudorff GmbH KG
An der Mühle 3
31860 Emmerthal
Tel.: 0 18 0 / 56 38 36 7
www.neudorff.de

Gärtner Pötschke
Beuthener Straße 4
41561 Kaarst
Tel.: 0 18 05 / 86 11 00
www.poetschke.de

Dehner GmbH & Co. KG
Donauwörther Straße 3–5
86641 Rain
Tel.: 0 9090 / 77 0
www.dehner.de

Gartenbedarf-Versand Richard Ward
Günztalstraße 22
87733 Markt Rettenbach
Tel.: 0 83 92 / 16 46
www.gartenbedarf-versand.de

Saatgut

Jelitto Staudensamen
Am Toggraben 3, 29690 Schwarmstedt
Tel.: 0 50 71 / 98 29-0
www.jelitto.com

Bruno Nebelung
Marienberger Straße 10
56470 Bad Marienberg
Tel: 0 26 61 / 9 40 52 84
www.shop.nebelung.de

Bingenheimer Saatgut AG., Ökologische Saaten
Kronstraße 24, 61209 Echzell-Bingenheim
Tel.: 0 60 35 / 18 99-0
www.bingenheimersaatgut.de

Gehölze

Baumschule und Pflanzenhandel
Lorenz von Ehren GmbH & Co. KG
Maldfeldstraße 4, 21077 Hamburg
Tel.: 0 40 / 76 10 82 80
www.lve.de

Garten Schlüter
Bahnhofstraße 5, 25335 Bokholt-Hanredde
Tel.: 0 41 23 / 20 21
www.garten-schlueter.de

Baumschule Hachmann
Brunnenstraße 68, 25355 Barmstedt
Tel.: 0 41 23 / 20 55
www.hachmann.de

Baumschule Horstmann
Bergstraße 5
25582 Hohenaspe
Tel.: 0 48 92 / 89 93 - 400
www.baumschule-horstmann.de

Pflanzenhandel Huben
Schriesheimer Fußweg 7
68526 Ladenburg
Tel.: 0 62 03 / 92 80 0
www.huben.de

Wörlein Baumschulen
Baumschulweg 9
86911 Dießen am Ammersee
Tel.: 0 88 07 / 92 10 0
www.woerlein.de

Obstgehölze

Hermann Cordes Baumschulen
Pinneberger Straße 247a
25488 Holm / Holstein
Tel.: 0 41 03 / 93 98 0
www.cordes-apfel.de

Krämer Markenbaumschulen
Bielefelder Straße 202-206
32758 Detmold
Tel.: 0 52 31/ 68 77 8
www.obstbaumschule.com

Kräuter

Rühlemann's Kräuter & Duftpflanzen
Auf dem Berg 2, 27367 Horstedt
Tel.: 0 42 88 / 92 85 58
www.kraeuter-und-duftpflanzen.de

herb's Bioland Gärtnerei & Pflanzenversand
Stedinger Weg 16, 27801 Nuttel
Tel.: 0 44 32 / 94 00 3
www.herb-s.de

Syringa Kräuter und Duftpflanzen
Bachstraße 7
78247 Hilzingen-Binningen
Tel.: 0 77 39 / 14 52
www.syringa-samen.de

Stauden

Staudengärtnerei Bornhöved
Plöner Straße 10
24619 Bornhöved
Tel.: 0 43 23 / 65 80
www.staudengaerten.de

Stauden-Junge
Seeangerweg 1
31787 Hameln
Tel.: 0 51 51/ 34 70
www.bluetenblatt.de

Staudenkulturen Stade
Beckenstrang 24
46325 Borken-Marbeck
Tel.: 0 28 61 / 26 04
www.stauden-stade.de

Staudengärtnerei Gräfin von Zeppelin
Weinstraße. 2
79295 Sulzburg-Laufen / Baden
Tel.: 0 76 34 / 69 71 6
www.graefin-v-zeppelin.com

Staudengärtnerei Gaißmayer
Jungviehweide 3
89257 Illertissen
Tel.: 0 73 03 / 72 58
www.gaissmayer.de

Sarastro-Stauden
Christian Kreß
A-4974 Ort im Innkreis 131
Österreich
Tel.: 06 64 / 2 61 03 62
www.sarastro-stauden.com

Rosen

Rosarot Pflanzenversand
Besenbek 4b
25335 Raa-Besenbek
Tel.: 0 41 21 / 42 38 84
www.rosenversand24.de

W. Kordes' Söhne
Rosenschulen GmbH & Co KG
Rosenstraße 54
25365 Klein Offenseth
Tel.: 0 41 21 / 48 70 0
www.Kordes-rosen.com

RosenWelt Tantau
Tornescher Weg 13
25436 Uetersen
Tel.: 0 41 22 / 70 84
www.rosen-tantau.com

Noack Rosen
Im Fenne 54
33334 Gütersloh
Tel.: 0 52 41 / 20 18 7
www.noack-rosen.de

Rosenhof Schultheis
Bad Nauheimer Straße 3
61231 Bad Nauheim
Tel.: 0 60 32 / 9 25 28-0
www.rosenhof-schultheis.de

Zwiebelblumen

Albrecht Hoch
Potsdamer Straße 40
14163 Berlin
Tel.: 0 30 / 80 26 25 1
www.albrechthoch.de

Bodenuntersuchungen

Auskunft über Institutionen in Ihrer Nähe
erteilt:
VDLUFA c/o LUFA Speyer
Obere Langgasse 40
67346 Speyer
Tel.: 0 62 32 / 13 61 21
www.VDLUFA.de

Gartenakademien

Baden-Württemberg
Gartenakademie Baden-Württemberg e. V.
Diebsweg 2
69123 Heidelberg
Tel.: 0 62 21/7 48 48 10
www.gartenakademie.info

Bayern
Gartenakademie Bayern
An der Steige 15
97209 Veitshöchheim
Tel.: 09 31/98 01-1 47
www.lwg.bayern.de/gartenakademie/

Hessen
Hessische Gartenakademie
Brentanostraße 9
65366 Geisenheim
Tel.: 0 67 22/50 28 61
www.llh-hessen.de/hessische-gartenaka-
demie.html

Niedersachsen
Niedersächsische Gartenakademie
Hohen Kamp 51
26160 Bad Zwischenahn
Tel.: 0 44 03/97 96-54
www.lwk-niedersachsen.de

Rheinland-Pfalz
Gartenakademie Rheinland-Pfalz
Breitenweg 71
67435 Neustadt/W
Tel.: 0 63 21/6 71-2 62
www.gartenakademie.rlp.de

Saarland
Saarländische Gartenakademie
Dillinger Straße 67
66822 Lebach
Tel.: 0 68 81/9 28-1 09
www.lwk-saarland.de

Sachsen
Gartenakademie Sachsen
Söbrigener Straße 3a
01326 Dresden-Pillnitz
Tel.: 03 51/26 12-80 80
www.landwirtschaft.sachsen.de

Thüringen
Gartenakademie Thüringen
Hinter der Mühle 19
99095 Erfurt-Stotternheim
Tel.: 03 62 04/5 00 11
www.gartenakademie-thueringen.de

Stichwortverzeichnis

Foto: Kristijan Matic

Foto: Marc Sansone

Joachim Mayer ist gelernter Gärtner und Diplom-Agraringenieur (mit Studienschwerpunkten im Obst-, Wein- und Gemüsebau sowie im Arznei- und Würzpflanzenanbau). Nach mehrjähriger Tätigkeit in der Gartenredaktion eines großen Verlags entschied er sich 1996 zum Schritt in die Selbständigkeit. Seitdem vermittelt er sein praxiserprobtes Wissen als Buchautor und Gartenjournalist – und frischt es als passionierter Hobbygärtner immer wieder im eigenen Zier- und Nutzgarten auf.

Dr. Folko Kullmann hat in Freising-Weihenstephan Gartenbauwissenschaften mit Schwerpunkt Pflanzenbau studiert und an der Technischen Universität München promoviert. Nach Stationen in Europas größter Baumschule und im Botanischen Garten Kew, London, sowie einem Volontariat bei einem Stuttgarter Ratgeberverlag lebt er seit 2004 seine grüne Passion nicht nur im Garten und auf dem eigenen Balkon aus, sondern auch als Buchautor und Gartenjournalist, Lektor und Übersetzer von Gartenbüchern. Seit 2008 betreibt er mit seinem Partner ein auf Gartenbücher und -magazine spezialisiertes Redaktionsbüro in Stuttgart.

Volker Kugel ist gelernter Gärtner, der nach seiner Lehre in Freising-Weihenstephan Gartenbau studierte. Anschließend war er zunächst für die Organisation der Landesgartenschauen in Baden-Württemberg zuständig, ehe er 1997 als Direktor die Leitung der Gärten des Residenzschlosses in Ludwigsburg (»Blühendes Barock«) übernahm. Seit 1999 arbeitet er zudem als Moderator für die Sendung Grünzeug des SWR, von der es mittlerweile über 350 Folgen gibt.

Mehr Infos unter www.swr.de/gruenzeug

Impressum

Bibliografische Information der Deutschen Nationalbibliothek

Die Deutsche Nationalbibliothek verzeichnet diese Publikation in der Deutschen Nationalbibliografie; detaillierte bibliografische Daten sind im Internet über http://dnb.d-nb.de abrufbar.

BLV Buchverlag
GmbH & Co. KG

80797 München

© 2014 BLV Buchverlag GmbH & Co. KG, München

Umschlagkonzeption: Kochan & Partner, München
Umschlagfotos: Plainpicture/Anna Kern (vorne);
Baumjohann (hinten) links; Strauß (Mitte und rechts)

Programmleitung Garten und Lektorat: Dr. Thomas Hagen
Herstellung: Hermann Maxant
Layoutkonzept Innenteil: griesbeckdesign, Dorothee Griesbeck
Layout: Anton Walter Gundelfingen

Gedruckt auf chlorfrei gebleichtem Papier

Printed in Germany

ISBN 978-3-8354-1259-0

Hinweis
Das vorliegende Buch wurde sorgfältig erarbeitet. Dennoch erfolgen alle Angaben ohne Gewähr. Weder Autorinnen noch Verlag können für eventuelle Nachteile oder Schäden, die aus den im Buch vorgestellten Informationen resultieren, eine Haftung übernehmen.

Das große Standardwerk

Wolfram Franke
Das große BLV Handbuch Garten
Das fundierte Wissen von 14 anerkannten GartenpraktikerInnen – alle absolute
Könner auf ihrem Spezialgebiet · Gartenplanung, Praxiswissen, Pflanzenporträts,
Gartengestaltung, Nutz- und Ziergarten · Expertenrat und erprobte Tipps mit
1200 Fotos sowie Grafiken, Tabellen, Merkkästen und Arbeitskalender.
ISBN 978-3-8354-1087-9